なごやの鎌倉街道をさがす

池田誠一
Seiichi Ikeda

風媒社

はじめに——幻想の道影

鎌倉街道という言葉は、いろいろなところで耳にします。鎌倉街道と呼ばれる道は、名古屋地方だけではなく関東、関西にもあり、むしろ関東が本場です。鎌倉時代、幕府のあった鎌倉に向かう道は、今からいえばすべて「鎌倉街道」とされています。

この本が対象とする鎌倉街道は、それらのうちの京都と鎌倉を結ぶ道、「京・鎌倉往還」とされる道です。街道は、京を出て近江から不破の関を通って濃尾平野に入ります。木曽川を渡り、尾張、三河を通って、海岸線を東に進み鎌倉に向かいます。この道ができたのは平安時代の後半でしょうか。鎌倉時代、室町時代、そして戦国時代とつづきました。西暦でいえば、一二〇〇年以前から一六〇〇年頃まで。四百年以上にわたって、国土東西の幹線道路として歩かれてきたのです。

しかしながらその経路は、その後、今日までの四百年の間に、すっかり消えてしまいました。江戸時代にはその道跡の探求が始まっていますが、その当時の人たちでも見解が分かれており、すでに当時でも一部しか残っていなかったようです。

名古屋は、その京・鎌倉往還が市内を西北から東南へと横断していました。その道跡の探求も、江戸時代から明治、大正、昭和と、多くの郷土史に興味を持った人たちによって行われてきています。しかし残念なのは、その跡を辿ろうとしても、それらの多くが部分的であり、文章表現であって、地図に落とされたものになっていないことです。全区間がまとめられたものでは、尾藤卓男氏の『平安・鎌倉古道』(文献11)という本でしょうか。この本は鎌倉から京都までを探された力作です。しかしこれも、ルート図はスケッチが多く、現地も変わってしまって、この本でその跡をたどることは難しくなっています。
私は、名古屋の街道歩きを始めて、いろいろな所で「鎌倉街道跡」とされるところに出会いました。何とかその道を辿ってみたいという思いが、幻のような街道の情報を集め始めることになりました。しかし名古屋の鎌倉街道探索も、そう簡単ではありませんでした。何回も何回も、地図を片手に現地を歩き回りました。この本は、そうして旧知を集め、現地の地形を読み、私の推理を交えつつまとめたものです。とりわけ難しかったのは、当時の海岸線の推定と様々な情報の評価・選択でしょうか。逆に助けられたのは、当時の和歌と紀行文です。そこにはやはり旅人の実感がありました。そしてその想いを瞼にしつつ、道をつないでいったのです。

鎌倉街道といえば、はじめのころには義経や頼朝が歩いた道です。そして終わりのころには信長や家康が駆けた道でもあります。その道は、まだ、幻想の道なのかもしれません。しかし、ならばこそ！　遠い昔のかすかな道影をさがして、古道の跡を追ってみたいのです。現代に忘れられかけた――ロマン――として。

なごやの鎌倉街道をさがす◉目次

はじめに――幻想の道影　3

序章　なごやの鎌倉街道　義経、頼朝の通った道　11

鎌倉街道　京・鎌倉往還　12

1　五つの東海道　12
2　鎌倉街道と呼ばれる道　13
3　名古屋の街道跡　17
4　街道ルートの推定　19

一章　古代道を追って　かすかに残る痕跡　23

1　萱津の宿　清須から庄内川　24

1　古図に見える南北の道　24
2　萱津というところ　25
3　鎌倉街道をさがす①　…　名鉄新清洲駅から　29
4　その後の萱津　33

2　渡しと東宿　庄内川から中村　35

1　萱津の東宿　35

2　東宿と中村　37
3　鎌倉街道をさがす②　…　市バス豊公橋停から　39
4　幻の都市の萌芽　43
3　古代道路の跡　中村から古渡　44
1　古代の東海道　44
2　古代道路の痕跡　45
3　鎌倉街道をさがす③　…　地下鉄中村区役所駅から　48
4　古代の道から中世の道へ　52

二章　低地を過ぎる　舟渡りともいわれた道筋　53

4　宮に寄る道　古渡から熱田　54
1　「よきぬみちなれば…」　54
2　古渡から熱田　55
3　鎌倉街道をさがす④　…　地下鉄東別院駅から　58
4　年魚市潟から精進川へ　63
5　精進川の低地　古渡から御器所　65
1　古渡河を渡る大道　65
2　低地の直線道路　66

3　鎌倉街道をさがす⑤　…　地下鉄東別院駅から　68
4　もう一つの鎌倉街道　72

6　台地の裾　御器所から井戸田　73
1　流罪の地、井戸田　73
2　瑞穂台地の中世　74
3　鎌倉街道をさがす⑥　…　市バス滝子通一停から　77
4　二野橋を駆けた人　80

三章　潟を渡る　上、中、下、三本の道　83

7　広い河原　上ノ道：井戸田から野並　84
1　潟を渡る街道　84
2　鳴海潟　85
3　鎌倉街道をさがす⑦　…　地下鉄妙音通駅から　89
4　目印だった聖松は？　92

8　笠寺台地　中ノ道：呼続から天白川　94
1　松巨嶋　94
2　街道の痕跡　94
3　鎌倉街道をさがす⑧　…　名鉄呼続駅から　97

4　伊勢湾台風の後　100

9　観音の門前　下ノ道：桜から三王山　102

1　笠寺縁起　102
2　中世末の台地　103
3　鎌倉街道をさがす⑨　…　名鉄桜駅から　106
4　三つの道の中世　109

四章　峠を越える　古歌に残る二村の山　113

10　鳴海の宿　野並から相原郷　114

1　鳴海の遊女　114
2　中世の鳴海　115
3　鎌倉街道をさがす⑩　…　地下鉄野並駅から　119
4　みなと街？　相原の宿　122

11　歌の二村山　相原郷から二村山　124

1　二村の山　124
2　峠への道　125
3　鎌倉街道をさがす⑪　…　市バス緑高校停から　128
4　ロマンの峠道　132

12　沓掛の宿　二村山から沓掛　134
1　古代東海道の駅　134
2　両村から二村山へ　135
3　鎌倉街道をさがす⑫…保健衛生大学病院バス停から　137
4　発見された駅家跡　140

終章　街道の終着地　東国の拠点・鎌倉へ　143
鎌倉の地　切通しを越えて　144
1　往還の終点　144
2　鎌倉の街　145
3　鎌倉の鎌倉街道…江ノ電稲村ケ崎駅から　148
4　鎌倉街道の終焉　151

参考文献　153
おわりに　156

序章

なごやの鎌倉街道

――義経、頼朝の通った道――

今から800年ほど前の鎌倉時代。京の都から幕府のできた鎌倉に向かう道がありました。その道は、江戸時代には「鎌倉街道」と呼ばれるようになりました。初めの頃には義経や頼朝が通り、終わりの頃には信長や家康が通った道でもあります。

本章では、鎌倉街道の概要と、名古屋付近の街道の大きな流れを見てみたいと思います。

鎌倉街道

京・鎌倉往還

1　五つの東海道

東海道とは、元々「東の海つ道」だったとされます。都から東に、海岸線を通って東国に至る道です。この西国と東国を結ぶ道は、古代から時代とともにいくつかの性格の異なる道が通っていました。古代、中世、近世、近代、そして現代の各「東海道」です。

最初の東海道は、七世紀に律令制が確立していく中で生まれました。全国を五畿七道の地域に分け、東海道はそのときの七道の名前の一つでした。含まれる国は、伊賀、伊勢に始まり尾張、三河を経て常陸までの十五カ国とされます（図1）。そして都からそれらの地域の国府を貫く道路のことも東海道と呼ぶようになったのです。この道は「駅路」といい、国の重要情報を伝えるという通信機能を担った、まっすぐな道路だったといいます。

ところが平安時代になると、都が平安京に変わり、律令制が次第に崩れ始めました。そしてその後半になると東国を制圧するための経路として、都と東国を結ぶ新しい東海道が登場します。それは鎌倉に成立した幕府と都とを結ぶ道として明確になり、京・鎌倉往還と呼ばれました。これが二番目の中世東海道になります。

鎌倉街道とされる道影

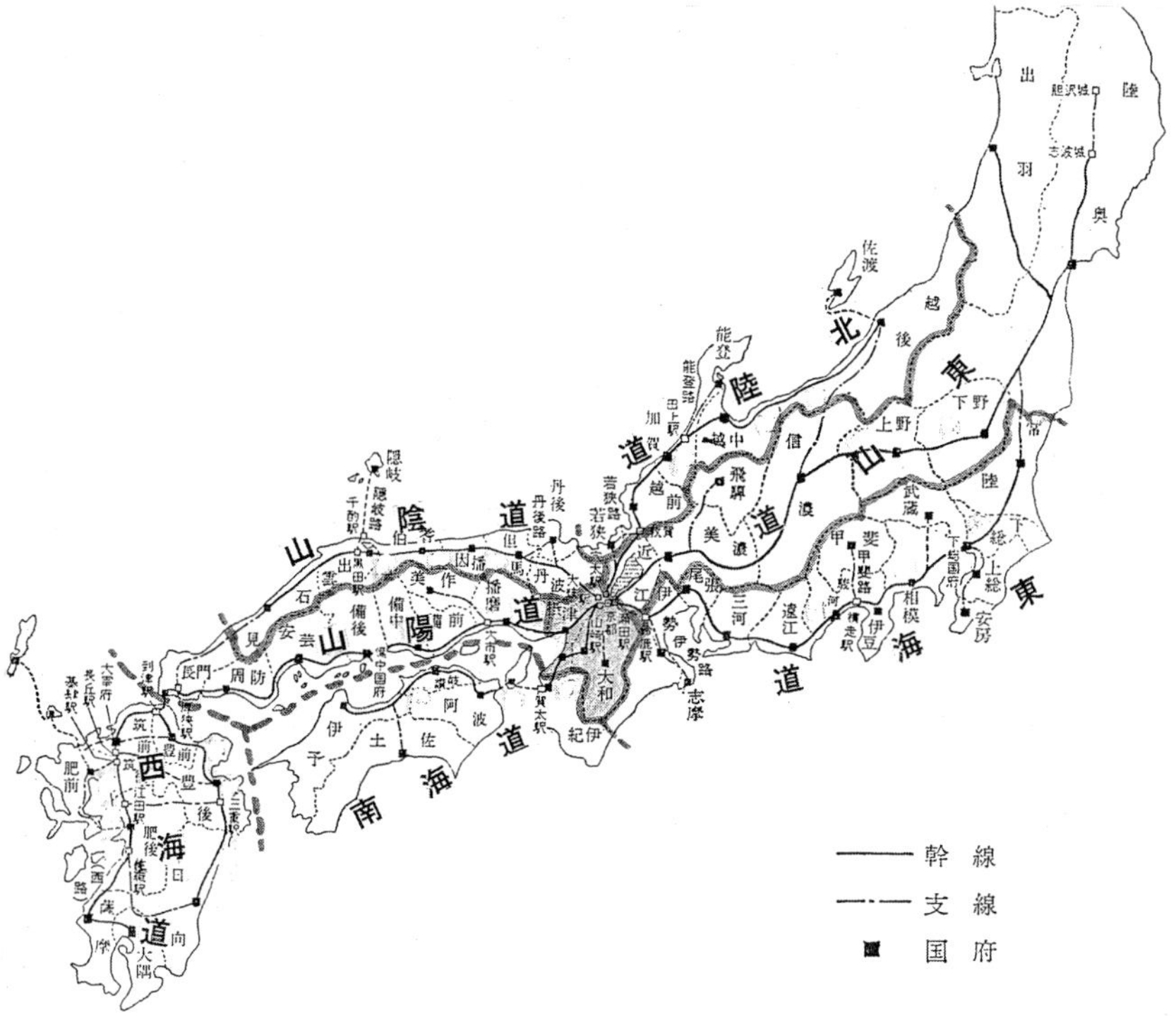

図1　古代の五畿七道の図（文献2に加筆）

三番目はよく知られた近世、江戸時代の東海道です。徳川幕府の五街道の第一とされた、京の都と江戸の幕府を結ぶ最重要幹線でした。そして四番目は、近代、明治政府によって明治の初めに指定された「国道東海道」であり、五番目は当初「東海道幹線自動車道」と呼ばれた現代の東名高速道路になります。

この本で訪ねる鎌倉街道とは、このようにみれば二番目の、中世の東海道である、京・鎌倉往還になります。

2　鎌倉街道と呼ばれる道

今日、鎌倉街道と呼ばれている道は大きく二つに分けることができます。一つは東国一帯に展開した幕府の御家人が、「いざ鎌倉」という時に鎌倉に駆けつけるための道です。もう一つはここでいう鎌倉街道、すなわち前述した鎌倉と都を結ぶ中世の東海道、京・鎌倉往還になります。

いざ鎌倉の道

一つ目のいざ鎌倉の道は東国に分散した武士団と鎌倉の幕府とを結ぶ道です。普段は御家人が鎌倉の警備などに通う道でしたが、非常時には「いざ鎌倉」と騎馬で幕府に駆けつけるための道でもありました。御家人が各地に分散していたため、道は一本ではなく東国一帯に分布していたのです。

その主なルートは三つに分かれていたとされます。一つは信濃や上野方面から武蔵府中を経て鎌倉に向かう「上ノ道」。二つは奥州や下野方面から江戸山手を通る「中ノ道」。そして三つは常陸や房総方面から江戸湾沿いに、あるいは海を渡って鎌倉に向かう「下ノ道」です。この他に、上の道の途中から西に秩父を通る道を山ノ道ということもあるようですが、道はおおむねこれらの三本に集約されています（図2）。

それぞれの道には政治がかかわった大きな物語がありました。下ノ道は初期に頼朝が鎌倉攻略を目指した道

鎌倉街道とされる道影

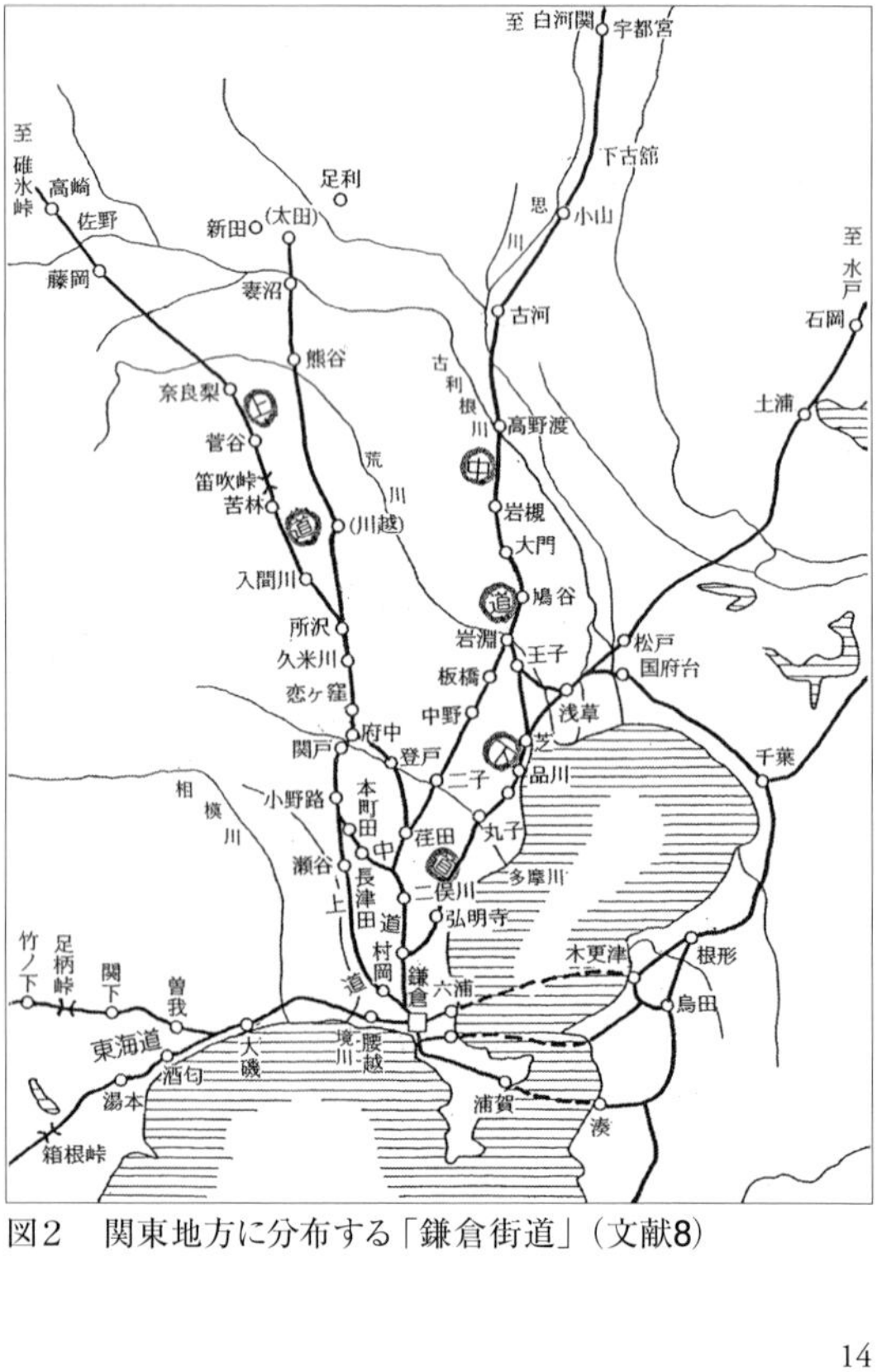

図2　関東地方に分布する「鎌倉街道」（文献8）

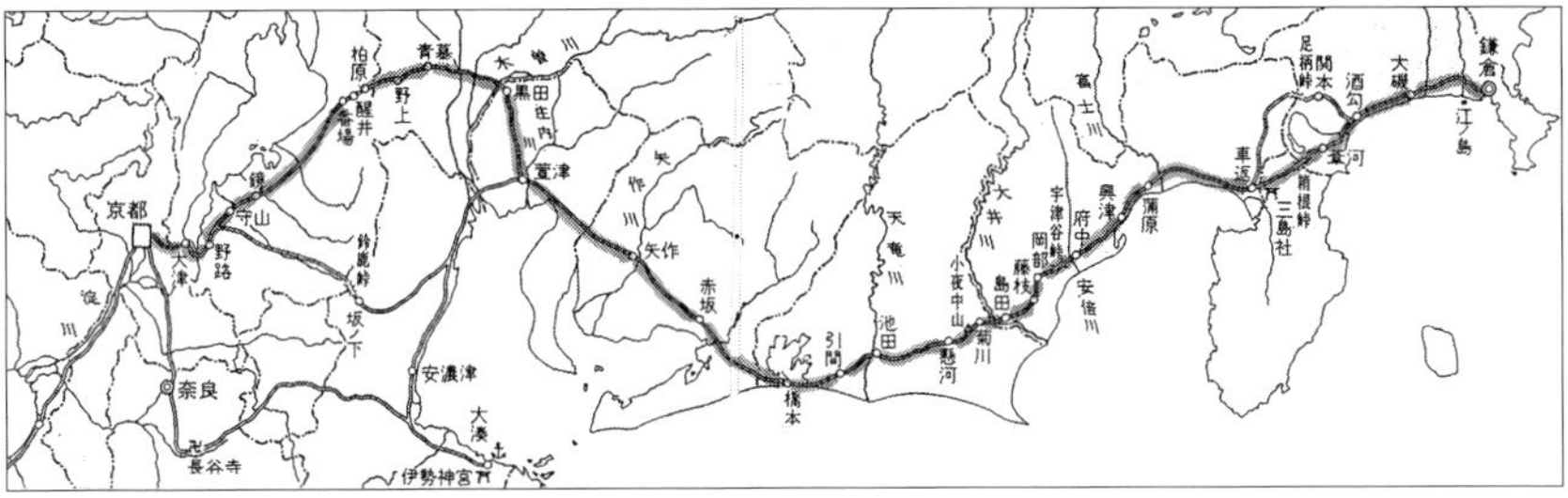

図３　都と鎌倉幕府をつなぐ「鎌倉街道」（文献7）

でした。中ノ道は奥州の平泉を結ぶ道として義経が通り、最後は頼朝の奥州攻めで確立されました。また上ノ道は、皮肉にも後年に新田義貞が鎌倉に攻め上り、幕府が崩壊することにつながる道になったのです。

　これらの道は現在の神奈川県を出て東京都を通ります。このため東京では、上ノ道は今日の府中、国分寺を、中ノ道は目黒、渋谷、新宿の線を、下ノ道は品川、霞ヶ関、浅草の線を通っており、いくつもの地点で街道の跡がみられることになります。

京・鎌倉往還

　もう一つの鎌倉街道である京・鎌倉往還は東国の成長とともに生まれた都と東国とを結ぶ道でした。戦争や政治の道であるとともに、東国と西国の文化の交流を果たした道でもあります。

　ルートは、古代の東海道とは異なり、京都からは近江に出て古代東山道を通り関ヶ原から美濃に入ります。そこで東山道と分かれて木曽川を渡り、南に尾張を横切ります。そして古代の東海道に入って、三河から東に鎌倉へと向かう道でした（図３）。

鎌倉街道とされる道影

宿	距離
京	3里
大津	3里
勢多	50丁
野路	2里
守山	2里
鏡	2里
武佐	1里
蒲生野	2里
愛智川	1里
四十九院	2里
小野	50丁
馬場	50丁
佐目ガ井	50丁
柏原	——
居増	1里
山中	50丁
垂井	2里
赤坂	3里
墨俣	2里
黒田	3里
折戸	2里
萱津	3里
熱多	50丁
鳴海	50丁
沓懸	50丁
八橋	2里
矢波木	2里
作岡	50丁
山中	50丁
赤坂	2里
渡津	1里
今橋	5里
橋本	5里
疋馬	2里
池田	50丁
国府	2里
袋井	2里
懸河	3里
西坂	50丁
菊川	1里
鎌塚	50丁
島田	50丁
前島	1里
藤枝	2里
岡部	50丁
満利子	1里
手越	1里
国府	50丁
瀬無川	2里
高橋	1里
興津	2里
湯井	1里
蒲原	50丁
連返	50丁
三島	5里
葦川	——
湯本	50丁
小田原	1里
酒匂	1里
郡水	2里
志保美	——
平塚	——
懐島	3里
鎌倉	—

図4　京鎌倉往還の63宿。『実暁記』より

この道は、正式には、壇ノ浦の戦いの後の一一八五年、駅路之法として、沿線の荘園に伝馬や食料を負担させたのに始まります。ただこの頃はまだ鎌倉方と地方の荘園との力関係から、十分に実施できませんでした。そして一一九二年の幕府成立の前後、頼朝の二度の上洛の時に橋などの交通施設が整備され、街道としての形態が整うとともに、次第に「宿」と呼ばれる宿場もでき始めたのです。

鎌倉街道とされる道影

ところがこの宿の設置や管理は各地の守護や地頭に任されたため、全区間で保障されたものとはなりませんでした。古代の東海道が国家によって、また近世の東海道が幕府によって管理されたのに対し、中世の街道は地方にまかされていたようです。

とはいえ交通量の増加とともに、宿は道の分岐点や大河・山地の前後、あるいは地域の政治経済の拠点などに成長していきました。そして京鎌倉往還には後期になると六十三宿といわれる宿が形成されていくことになりました（図4）。

3　名古屋の街道跡

それではその鎌倉街道は、名古屋付近ではどこを通っていたのでしょうか。まず文献や史跡を手がかりに、街道のルートの大きな流れを探ってみたいと思います。

①　歌枕

歌枕とはいろいろな和歌に詠まれて広く知られた場所を指します。歌枕は街道を旅する人によって歌われ、上方にも伝わりました。その歌枕が名古屋付近にもいくつかあります。古代、『万葉集』に詠まれた歌の中にも、「あゆち潟」、「桜田」とか「あゆちの水」等があります。これらは名古屋の東南部、瑞穂区や南区の付近でしょうか。

中世になると、数も多くなり、その地点が浮かび上がってくる所もあります。その地名のいくつかを北から南に並べてみると次のようになります。

萱津、古渡、熱田、音聞山、上野、呼続、野並、星崎、鳴海、二村山

また、関係すると考えられるものでは、根山、夜寒、などがあり、当地の可能性があります。

鎌倉街道とされる道影

これらの中には場所に多少異論のあるものもありますが、大きな流れとしては名古屋を西北の萱津から東南の二村山へと斜めに横断していることがわかります。

鎌倉街道とされる道影

② 紀行文

平安時代も後半になると旅の紀行文が書かれ始めました。中世は紀行文の時代でもあり、とりわけ東国に向かう街道筋はその対象になりました。

鎌倉街道に沿っては、古いものでは、紀行文ではありませんが十世紀の『伊勢物語』があり、十一世紀には『更級日記』があります。後者では、鳴海潟（天白川の下流）を急いで渡ったことや二村の山で野宿したことが記されています。

その他にも、中世の三大紀行文ともいわれる紀行でも、

一二二三年『海道記』では、萱津から熱田、鳴海を通ったこと
一二四二年『東関紀行』では、萱津の東宿での市の賑やかさや熱田の宮、二村山のこと
一二七七年『十六夜日記』では、熱田に参り鳴海潟を抜け二村山を越えたこと

などと、この地方の情景が記されています。

③　江戸時代の探求

一六〇一年に近世の東海道が制定され、鎌倉街道はその役目を終えました。江戸時代の文献では、その古道の跡を紹介したり推測したりしています。そしてこの頃に、江戸時代よりも前の時代の街道に対して「鎌倉街(海)道」という名前が登場しています。たとえば、絵図にも「古の鎌倉海道」などと記入されるようになり、『尾張徇行記』、『尾張名所図会』などでは、鎌倉街道のルートの記述が出てきます。

ただ、注意しなければいけないのは、江戸時代後半の人は、鎌倉街道というと江戸時代の前の時代だから細く曲がりくねった道だと捉えている可能性があることです。ここに示した文献も、江戸時代の後半のものがほとんどです。このため、その記述を鵜呑みにできないことに注意が必要なのです。個々の記述は今後順次紹介していくとして、これらの記述もまた、大きくみれば名古屋の西北から東南への流れを示しているといえるでしょう。

④　街道の跡

名古屋市内には鎌倉街道がそのまま史跡として残っていることが確実な所はないようです。しかしその前後の萱津や二村山にはその道影があり、また江戸時代から通過地の伝承が残る古渡や笠寺、またその存在は間違いないと考えられる井戸田や鳴海など、点々とではありますが街道跡らしきものが存在します。これらについても章を追って現地を訪ねてみたいと思います。

4　街道ルートの推定

以上のように見てくると、名古屋の鎌倉街道ルートは、甚目寺の萱津を西北端とし、東南端を豊明市の二村

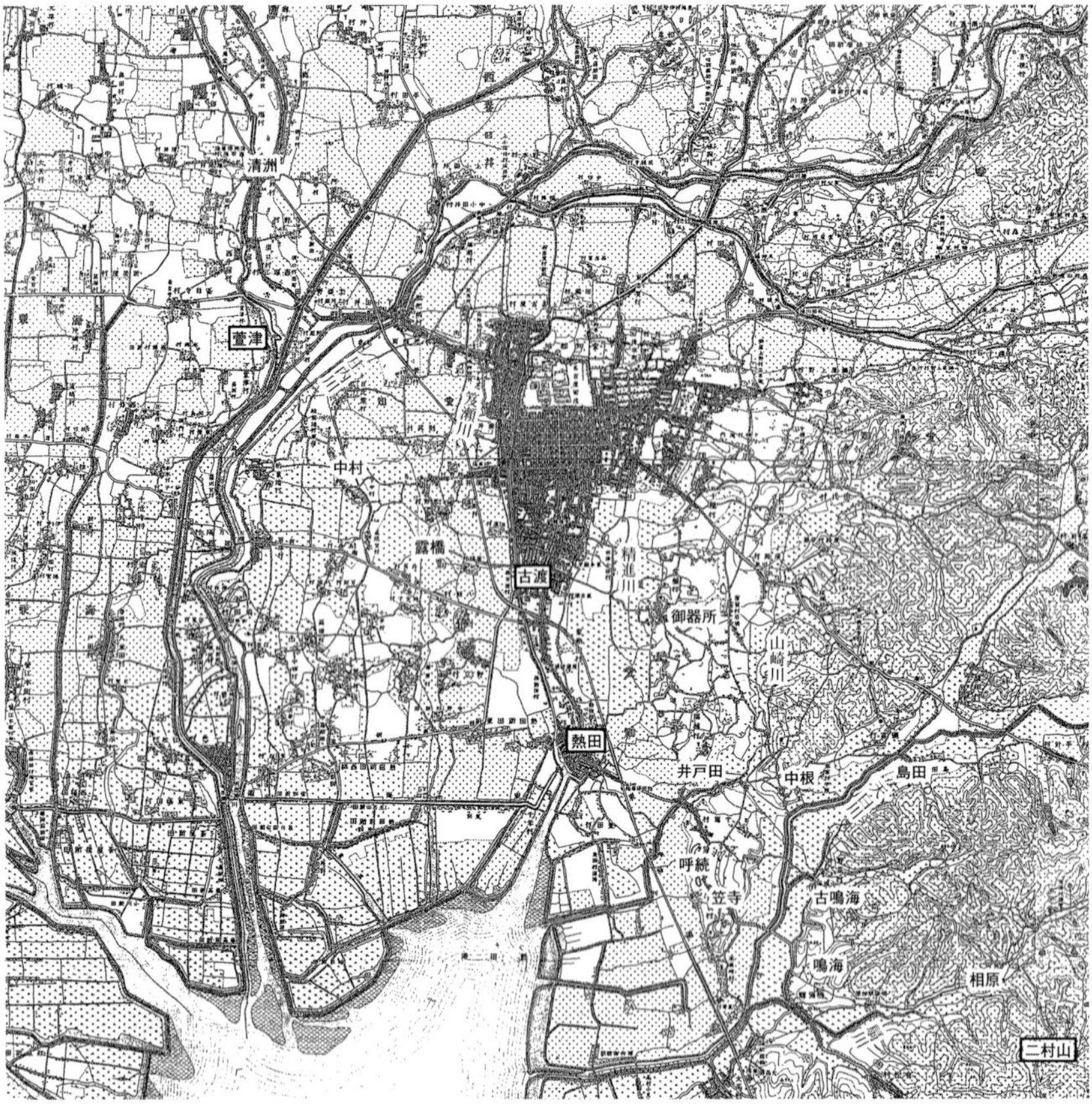

図５　なごや付近の鎌倉街道に関連する地名（地図：明治22年）

山にしていることがわかります。そして中間で古渡・熱田付近を経由して、名古屋を斜めに横断するように通っていたことは、ほぼ間違いないように考えられます。

途中のポイントを想定してみるとおおよそ次のようになります（図５）。

萱津からは庄内川を渡って中村を通り、露橋付近で向きを東に振って古渡に出ます。古渡からはルートに少し幅が出てきますが、東側のルートではまっすぐ瑞穂台地（位置的には御器所ですが、ここでは以降の記述の煩雑さもあり、瑞穂台地で統一します。）に渡りその裾を南下して御器所から井戸田に向かう道、西側のルートでは熱田に寄って笠寺台地に行く道です。その後も、東側では中根から島田付近まで迂回して鳴海（今よりも広い意味です）に行くルートと、西側では笠寺から東に鳴海に行くルートがあります。そして両ルートともその東の相原付近を通り、二村山に向かっているのです。

鎌倉街道は今からおおよそ八百年前の鎌倉時代から四百年前の戦国時代までの道になります。さがそうとすると、古さとともにその間の四百年という長さも問題になります。

たとえば名古屋のルートを決める大きな要因が、精進川（今の新堀川）と天白川がつくった低地の横断にありました。古代にはかなり奥まで海だったとされており、中世には新たな土砂の堆積や、わずかながら海退現象もありました。またその頃には築堤によって幅が狭められて河川化した所もあって、年とともに海岸線の後退があったようです。また大水によって川筋が動いていた可能性があるなど、今から八百年～四百年という昔は、今日の地形とは異なり、しかも動いていたと考えねばなりません。

鎌倉街道とされる道影

＊

この本では、このような状況を踏まえながら、これまで成されてきた様々な街道の探求を紹介しつつ、名古屋の街の中に埋もれた鎌倉街道をさがしていくことになります。答えが無かったり、あるいはいくつもあったり、いろんなことが想定されますが、義経や頼朝が通った古道というロマンを追って章を進めていきたいと思います。

一章

古代道を追って

――かすかに残る痕跡――

鎌倉街道は、計画的につくられた道ではありません。このため、当初は古代の東山道や東海道を引き継ぐ形で、それを部分的に改めつつできあがっていったと考えられます。したがって中世の街道さがしは古代の官道と関連して考える必要があるのです。

本章の区間は、「萱津」「中村」「古渡」など古代道路の跡とされるところが点在します。したがって、これらの地点をポイントに、鎌倉街道の跡をさがしていきたいと思います。

1 萱津の宿

清須から庄内川

1 古図に見える南北の道

中世の名古屋を知るうえで貴重な資料があります。鎌倉円覚寺の古文書にある「尾張国富田荘絵図」です。これは十四世紀に中川区付近の庄内川の流路変更による土地裁判のためにつくられた図といわれ、端の方に清須市（甚目寺町）の萱津が描かれています（図1）。そこには「萱津宿」と書かれていますが、今の五条川に沿って細長く南北に延びる集落があります。道の両側はいくつかのブロックに分かれて、寺と民家があるのがわかります。富田荘を中心に描かれた図のため街道の姿ははっきりしませんが、南北の道はそのまま現在の道路に当てはまりそうです。

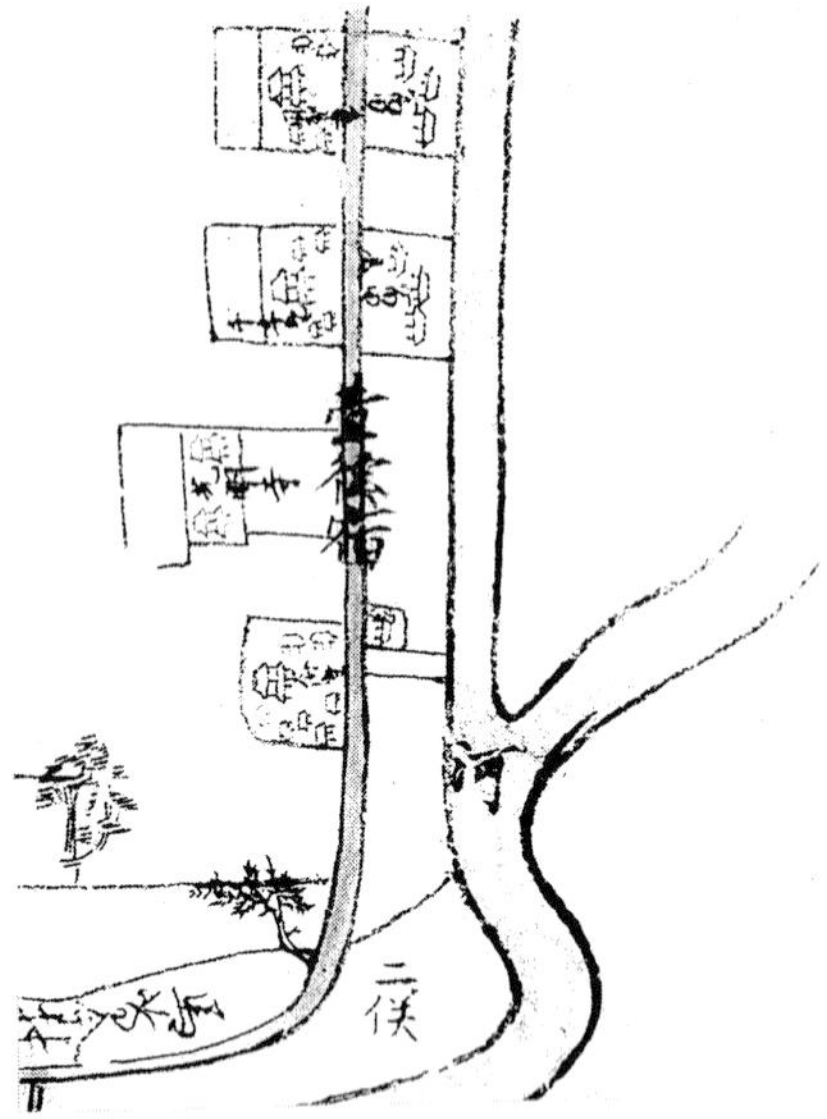

図1　「富田荘絵図」（部分）に見える萱津の宿

京を出た鎌倉街道は近江、美濃を通り、木曽川を渡って尾張に入りました。そして南に向きを変え、黒田、一宮（一宮市）、下津《おりつ》（稲沢市）を通って清須の西から萱津に到達しました。この点からも、図に萱津宿と書かれた南北の道は鎌倉街道だと考えることができるのです。名古屋の鎌倉街道さがしは、まずこの萱津の南北の道から始まることになります。

2　萱津というところ

日本武尊の故事

萱津という地域は古くからの歴史があります。まず記紀の時代に、日本武尊が東征の最後に伊吹山に行き深手を負いました。その帰路、『日本書紀』では、一時尾張にかえったが宮簀姫の家に入らずに伊勢に移った、とあります。さらに、草津に到り木下に居して宮簀姫を憶ったけれども遇わないまま伊勢へと転じた、とされているのです。武尊と姫が逢えなかったことからその森を「不遇（あわで）の森」というとあります。草津は萱津のことで、この悲劇によって「あわでの森」や「あわでの浦」は有名な歌枕になりました。

この歌枕の地を詠んだとされる歌には、たとえば、

かきたえて人も梢のなげきとて　はてはあわでの森となりけり　紫式部
我なげき人のつらさにしげりあいて　はては阿波手のもりとなりけむ　契沖
我恋はあわでの浦のうつせがい　むなしくのみもぬるる袖かな　後法性寺入道
これやこのあわでの浦にやくしほの　けぶりたえせぬおもいならむ　平親清女

……など、「逢えない」にかけた多くの歌があります。

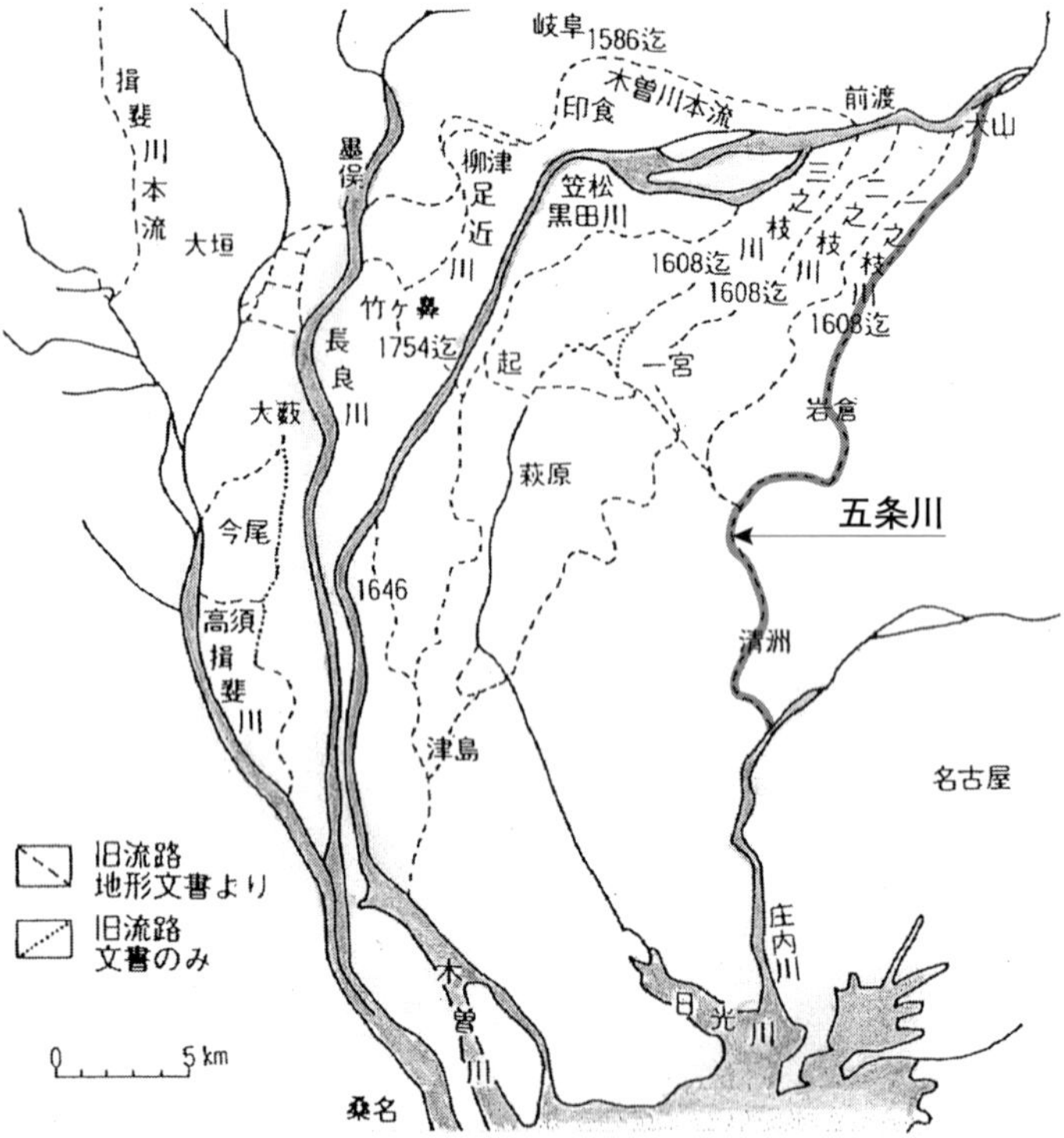

図2　木曽川水系一之枝川だった五条川（文献33）

古代の東海道

次に、古代の「格」（臨時の法令）を集録した『類聚三代格』の八三五年の項に、渡し船の増船の件で、次のような記述があります。

尾張美濃両国堺墨俣河四艘、元二艘、今加二艘
尾張国草津渡三艘、元一艘、今加二艘
参河国飽海矢作両河各四艘、元二艘、今加各二艘
駿河国阿倍河三艘、元一艘、今加二艘

草津は萱津のことで、渡しは庄内川等のことでしょう。渡しの船を一艘から三艘に増やす、とあります。萱津は古くは海津（かいづ）といい、また草津とも書いて「かやづ」と呼んだといいます。地元の言葉では「きゃあづ」でしょうか。転じて萱津になったのでしょう。

庄内川は、「格」に書かれた矢作川や安倍川など他の川に比べると小さい川のため、この記事は木曽川のことではないかという指摘があります（文献28）。しかし、この川は五条川と合流しており、五条川も今のような小さな流れではなく、当時は木曽川の一之枝川としての流れが残っていました（図2）。萱津はその五条川と庄内川の合流点であり、決して小さな川ではなかったのです。そして合流地ゆえに、川の名ではなく萱津「渡」とされたのではないでしょうか。

古代の東海道は大和の国を出て伊賀、伊勢、尾張、三河を通りました。伊勢の最後の駅家は桑名付近とされ、そこから木曽川を渡って尾張に向かっています。当時の海岸線は津島付近まで入り込んでいたといい、古代の東海道は湾奥の海岸線に沿って、桑名→津島→萱津→と通っていたと考えられます（図3）。

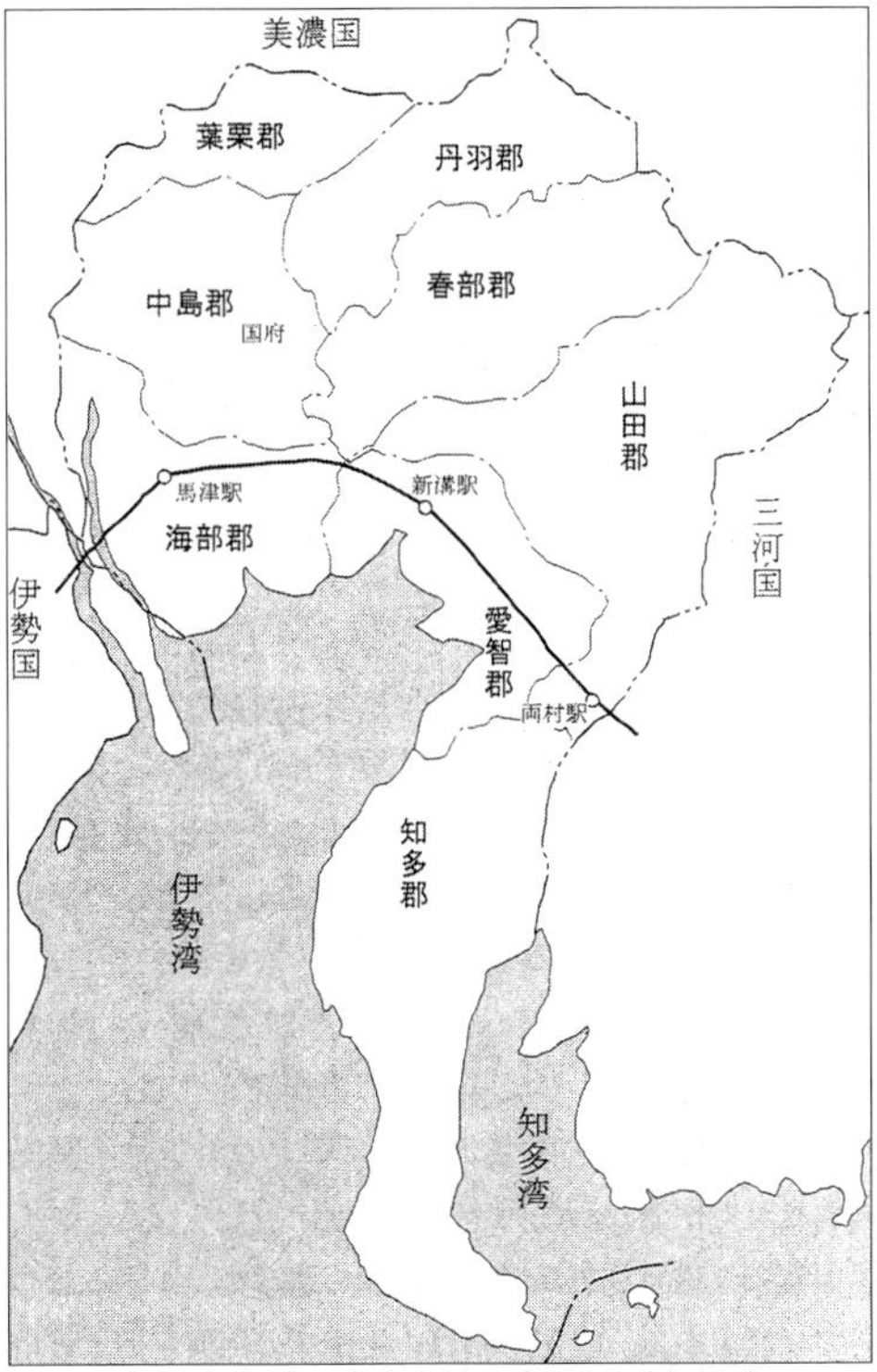

図3　古代東海道の大きな流れと駅家（文献4）

街道の拠点へ

以上のような前史を考えると、萱津が中世の街道の拠点になったのは二つの理由が考えられます。

一つは東海道の大河の手前に立地したことです。鎌倉街道で宿になっている所には、大河や山地の前後が多いようです。萱津は大河の前の渡しという街道の節目でした。ここに泊った人には源頼朝の他にも将軍源頼経など有名人に多くの記録が残ります。

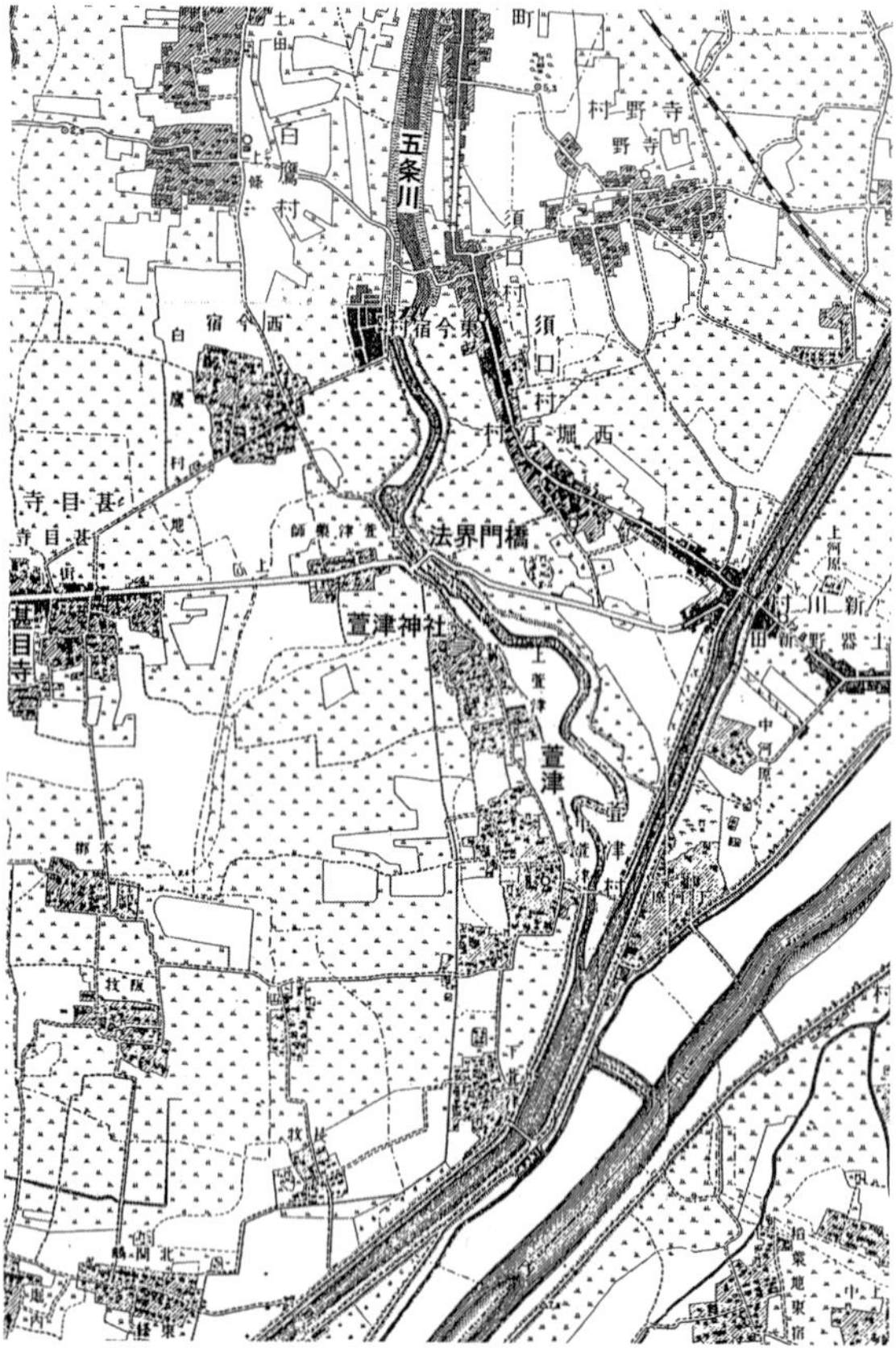

図4　明治時代の萱津付近（明治24年）

いま一つは古代官道の伊勢路ルートと中世幹線の美濃路ルートとの合流点だったことです。平安京になって都が北に動き、東国へは次第に東山道を近江から美濃に回って濃尾平野に出るルートが一般化しました。このため萱津は、不破の関を通り美濃から尾張を南下する新道（美濃路）と、鈴鹿の関から伊勢を東進する旧道（伊勢路）との、いわば新旧が出合う地点になったのです。

「宿《しく》」のさきがけ

古代の旅は、国家が用意した駅家という特定の宿舎はありましたが、一般人は野宿だったとされます。それが中世になると、宿のできる過程として、初期は、富や身分のある人は地元の長者の屋敷などに泊まりました。萱津でもそのような屋敷があったようで、地名の中にも、上萱津には「高見長者」や「上野長者」、中萱津には「鴻之巣長者」、下萱津には「真那長者」などの字名が残っていました。その後、東国の開発が進むとともに街道を通る人が増えて旅宿を業にするところが現れました。付近では市が開かれたり、遊女やくぐつといわれる人たちも登場して、次第に賑やかな「宿」へと成長していきました。

鎌倉時代、ここ萱津の東宿を描いた『東関紀行』の風景は、当時の宿の繁栄を伝えるものとして有名です（次節で紹介します）。このことからも、萱津は鎌倉街道でも有数の拠点であったことは間違いないと考えられます。

鎌倉街道のルート

それではその萱津付近の鎌倉街道はどう通っていたのでしょうか。ここに至るまでのおおよそのルートは、木曽川を渡り一宮の北の黒田を通って南下します。そして古代国府があったとされる稲沢付近を通り、尾張の守護所の置かれていた下津《おりつ》に来ます。古い地図では下津からの街道は、清須の西今宿を通り、五条川に沿って上萱津、中萱津、下萱津と南下し、ほぼ特定することができます（図4）。

難しいのは、この街道がどこで五条川と庄内川という二つの、あるいは合流した川を渡ったかということです。現在の新川は江戸時代に開削されたものなので無視するとしても、北側では、富田荘図での下萱津の寺の前にある川への道という説があります。また南側では、今の萱津橋の少し下流の月之宮神社や三社宮社付近ではないかという説もあります。この問題は当時の五条川や庄内川の流路とも絡み、時代によっても変化していたと考えられることから、断定は難しくなります。

3　鎌倉街道をさがす①　…　名鉄新清洲駅から

それでは鎌倉街道をさがして、北から南に萱津付近の鎌倉街道を歩いてみましょう。少し北になりますが、名鉄本線の新清洲駅を出て、西口の正面の道を西に進みます。信号を渡り少し行くと土田公園があります。鎌倉街道の跡とされる道は、その向こう側の道です。

南に進むと、点々と地蔵等の石仏をまつった祠があります。ただし江戸時代以降のもので、鎌倉街道は廃止

西今宿から津島に向かう道

法界門橋の南に建てられた「阿波手森」の石碑

後も歩かれていたことがわかります。広い道を過ぎると街道跡は大きな工場の中に消えるので迂回します。右に回っても左に回ってもほぼ同じです。

　再び街道跡を南下すると金山神社と宝満寺のあるT字路に出ます。この辺りは西今宿といい、近くに清須城ができた室町後期には萱津の新しい宿となっていったのでしょう。金山神社は清須の鍛冶屋が勧請したものです。やがて街道は東にカーブして車の多い通りに出ます。その通りを右に行き名鉄津島線を過ぎると、左には五条川が迫り法界門橋になります。交差する道は津島街道（上街道）で、西に一キロほどの所に、古代からの名刹甚目寺があります。甚目寺は五九七年開創とされる古寺で、中世でも、『一遍上人絵伝』に紹介されているように、多くの信仰を集めていました。

　さて法界門橋横を通り過ぎ、川の堤防に出るとすぐ右に「阿波手森」と彫られた石碑があります。前述した歌枕の「あわでの浦」「あわでの森」はこの辺り一帯を指したのでしょうか。少し南に水路がありますが、これは江戸時代、ここで取水して名古屋南部の新田を潤すために開発された萱津用水です。道は五条川堤防を進み萱津神社の前に出ます。

萱津神社は古くは草社、阿波手社などと呼ばれ、農耕の神、鹿屋野比売《ひめ》をまつる社で、昔はこの上萱津に広い社域がありました。この社は、先にも紹介した日本武尊の伝説の地とされます。この地には古くから野菜を塩水に漬けてできた漬物がありました。そこでこの漬物を献上したところ武尊から「藪に神物」と言われたことから、ここは漬物の元祖となりました。漬物を「こうのもの」ともいうのはここから出たとされます。域内に古式の香物殿が建っています。またここは榊の森とされ、「連理の枝」の霊木がありました。現在はその枯れた木が祀られています。このためでしょうか、縁結びの神ともされて戦前は花柳界にも人気だったといいます。

日本武尊の伝説の残る萱津神社

上萱津の鎌倉街道

神社を出て堤防の道から分かれ、南に旧道に入ります。坂を下るとすぐ左に正法寺があります。八世紀からの寺といい、広い寺域を持っていました。この寺の奥に行くと反魂塚の碑が立っています。以前は裏の河川敷にあったものです。正法寺縁起による、七八〇年の橋本中将と娘の故事で、遭わずのままに別れた父子が、反魂香を焚いて再会したという物語です。萱津が古代から街道筋であったことを伝えているようです。

さて、街道跡を南に進むと右側に

宝泉寺の前。ここは鎌倉街道の名残の道とされるが…

庄内川の河原に建てられた「萱津渡跡」の立札（下段）。上段は上から写した遠景

妙教寺、続いて少し奥に妙勝寺と、日蓮宗の寺が続きます。萱津の街道沿いには日蓮宗の寺が多く、また時宗の寺もあって鎌倉仏教後期の名残りがあります。妙勝寺は一二六一年、日蓮と法論して改宗、改名した高弟日妙が創建した寺といいます。その先の八坂神社を過ぎると上萱津から中萱津に入ります。

少し行くと右側少し奥に二層の山門のある時宗の光明寺があります。この寺も一遍上人直弟子を開基に一二八三年に創建されました。その先には、右側に日蓮宗の実成寺が、塔頭の寺と共に集合住宅のように立地しています。ここも妙勝寺と同じ日蓮高弟により一三一九年に創建されたといいます。

先に紹介した富田荘絵図（図1）には、この寺の前から東に入る広い道のような形が描かれており、そこで川を渡ったという説を紹介しました。今ではもうはっきりしなくなっていますが、ちょうどその付近に、左に川へ出る細い道があるのが気になります。

南へ進むと下萱津に入ってすぐ右に曲がります。次の道を左に曲がり八王子社を通り過ぎてさらに南に向かいます。道は県道を横断して少し西にずれますが宝泉寺のところで元に戻ります。道の脇に大きな松の木が二本あり、鎌倉街道の面影を残すとされているところです。左にカーブすると道路の擁壁にぶつかります。そこにある階段を上ると道路の左向こうに月之宮社があります。もともと堤防だった所で「堤の宮」ではなかったかといわれています。ここから下流二百メートルほどに三社宮社があり、大きな銀杏の木が目を引きます。一遍上人が杖をさした所から芽を吹いたとされる木の二代目とされます。鎌倉街道は、先ほど通った実成寺から下流の、この三社宮までの間で川を渡り、東南に向かったと考えられます。少し上流に歩くと萱津橋です。川は五条川と合流した新川です。もちろん新川は江戸時代に開削されましたので、その分は鎌倉時代にはありませんでした。車の交錯する萱津橋を渡り、続いて庄内川の豊公橋を渡ります。

鎌倉街道の萱津の渡しの位置は、よくわかりませんが、少し上流側に市の史跡「萱津渡跡」の標示板のある所があります。豊公橋の上流五百メートルくらいの、河川敷にあるテニスコートの横です。標示板がその位置になったのは、おそらくそこに一番後まで渡しが残っていたからでしょう。鎌倉街道の渡し位置とは少し違うような気がします。

残念ながら、豊公橋からその標示板に向かうには歩道がなく、車と堤防とが障害になって大変危険です。ここでは遠望しておくことにしましょう。そのまま県道を南に進むと、その先に豊公橋の市バス停があります。

4　その後の萱津

古代、九世紀以前から中世にかけて国土の重要幹線の拠点だったとされる萱津は、その後どうなったのでしょうか。萱津の転機になったのは清須城の後期、織田信雄によって城下町が拡張された時です。街道はその清須の城下町の中に取り込まれることになりました。道は清須城の大手道に変わって南下し、五条川の自然堤防に沿って東に枇杷島の方に振れました。江戸時代の美濃路です。そして川を渡って東に名古屋台地に上り、熱田への道と鳴海への道につながったと考えられます。一方、津島から熱田に向かう道は、少し短絡した佐屋路ができました。このため、戦国時代以降、萱津はこの両方の道の中間に取り残されてしまったのです。交通路で栄えた街は交通路で滅びます。萱津の宿跡が当時の姿を多く残しているのはそのためなのかもしれません。

参考 本節で紹介したルート

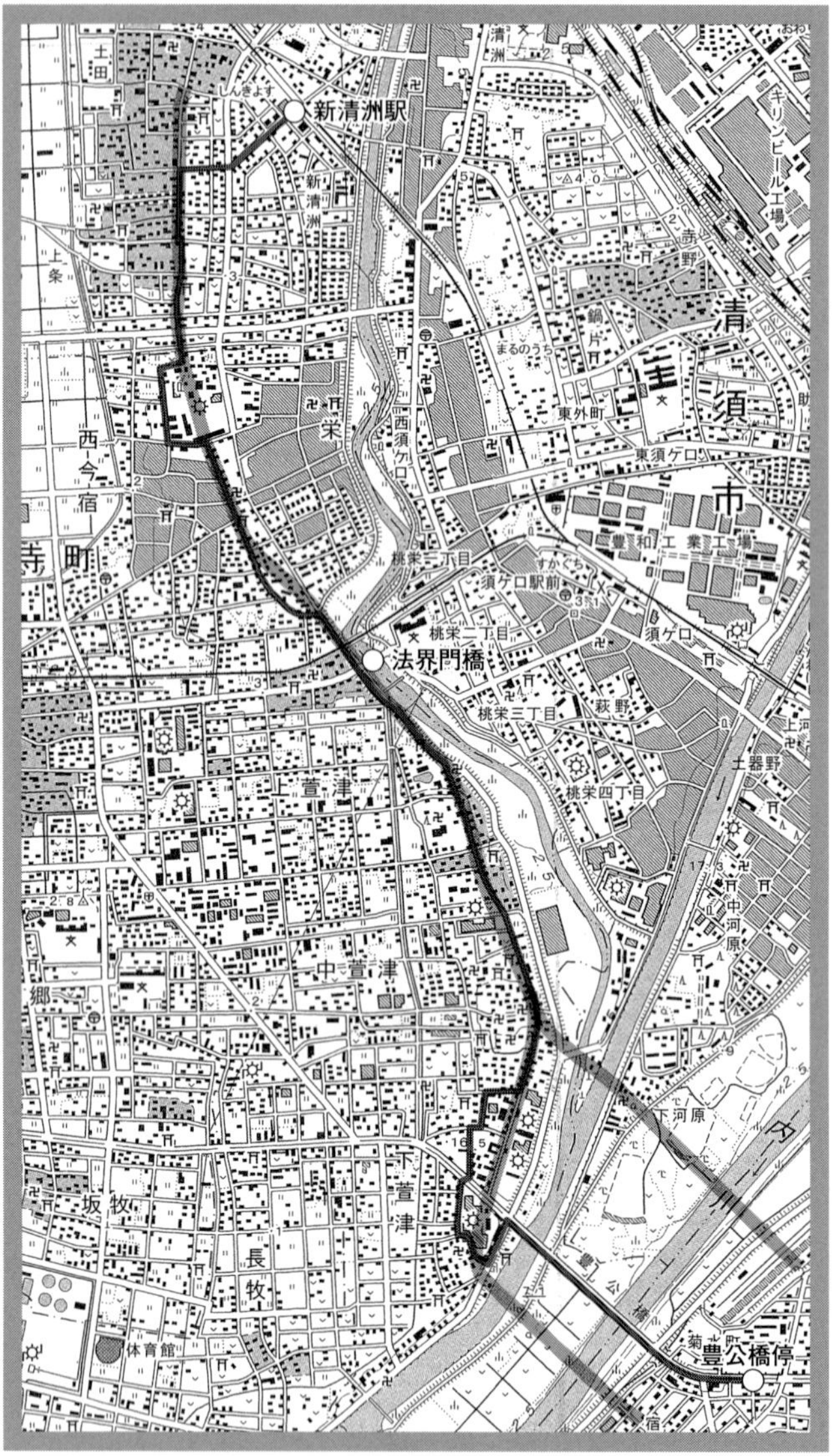

2 渡しと東宿

庄内川から中村

1 萱津の東宿

名古屋が登場する鎌倉街道の紀行文の中で、最も有名なものは中世三大紀行文のひとつとされる『東関紀行』でしょうか。この紀行は一二四二年、歌人でもあった源親行が京から鎌倉に旅した時の紀行とされ、その中に「萱津の東宿」の様子が描かれています。

萱津の東宿の前を過ぐれば、そこらの人集まりて、里も響くばかりに罵りあえり。今日は市の日になむ当たりたるとぞいふなる。往還のたぐひ、手毎に空しからぬ家土産も、彼の、「見てのみや人に語らぬ」と詠める、花のかたみには、様変りて覚ゆ。

花ならぬ色香も知らぬ市人のいたづらならで帰る家づと

要約すれば、その日は市の日にあたり、里も響くばかりに賑やかで、村人は手に手に土産を持っていたが、人々には（都人が花を持っていたような）風流さは見られない……ということでしょうか。この部分は、鎌倉時

図5　『尾張名所図会』に見える「萱津古駅」

代の宿の賑わいを描いた貴重な一節として、歴史書にも紹介されています。

　では、その萱津の東宿はどこにあったのでしょうか。これには二つの考え方ができます。一つは川の西側、前節で紹介した萱津の東側の部分を指すとするものです。萱津宿の東部分の殷賑を伝えるものということができます。いま一つは川の東側、渡った対岸に宿があり、そこを東宿と考えるものです。鎌倉街道は萱津の宿から東南に庄内川を渡っており、大河が増水した時の船待ちでできる宿は、一般には川の両側に必要になるからです。現に、矢作川（岡崎市）では矢作西宿と矢作東宿があったとされます。萱津宿も、順次拡大して庄内川の対岸に宿ができ、東宿と呼ばれ、そして東から西に向かう旅人の拠点になっていったとみることができるのではないでしょうか。

　萱津から東南に庄内川を渡った名古屋市の中村区には、古い字名から宿跡町や東宿町という町名が付けられています。今では静かな住宅地ですが、そこに中世には賑やかな宿があったのかもしれません。ここではその街道や宿の面影を追ってみたいと思います。

2　東宿と中村

明神社と女郎墓

今のような堤防のなかった当時の庄内川は、大雨で何度も氾濫し、流路をも変えていた可能性があります。そのためでしょうか。残念ながら今の中村区の庄内川付近には中世の宿の存在を確かめるものは見当たりません。ただあるとすれば、ひとつは明《あかり》神社、いまひとつは「女郎墓」と呼ばれるものでしょうか。明神社は鎌倉時代に東宿の鎮守として創建されたとされる社で、今の東宿町にあります。女郎墓は、東宿の西の旧古堤新田内、今は宿跡町にあります。今でもその跡と伝えられる墓地が残ります。当時の宿には遊女とかくぐつと呼ばれた旅の人を慰める人達がいました。『尾張名所図会』に描かれた「萱津古駅」の図はそんな女郎のいる宿の風景を画いているようにも見えます（図５）。

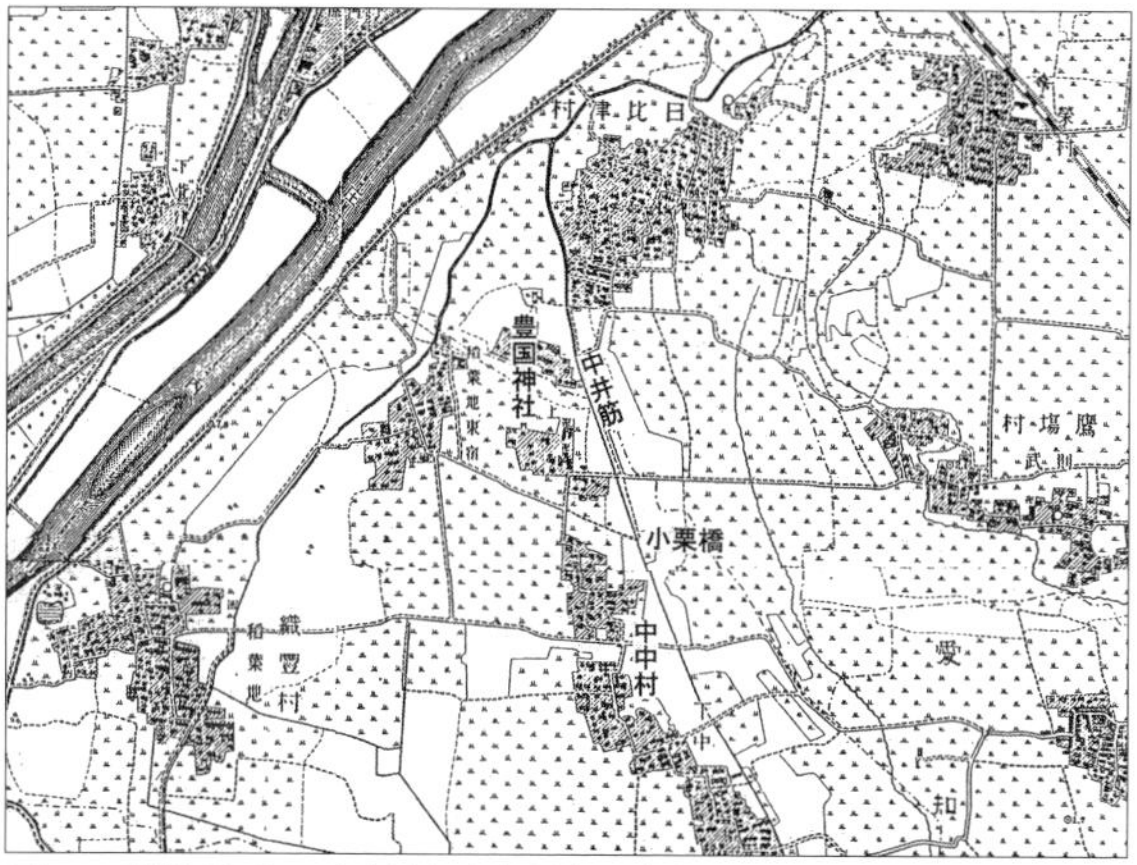

図６　明治時代の中村付近（明治24年）

古代からの地・中村

明治時代の地図を見ると、明神社の南側が東宿村の中心になっています。ここは萱津の宿から東南に川を渡った位置にあたり、方向は間違いないといえそうです。

その東南は隣接して中村になります。中村は、熱田と並び十世紀

女郎墓があったとされる墓地

の『和名抄』の記述からそのまま続く名古屋では数少ない地名の一つで、古くから庄内川からの流出土砂でできた自然堤防上の集落のようです（図6）。中村といえば中世末、豊臣秀吉の生まれたところです。しかし徳川政権下では表に出せず、むしろ隠されたようなところがあり、豊国神社などに顕彰されたのは明治時代になってからでした。このため出生地についてもいくつかの説があって、定まってはいません。中世の鎌倉街道はこの中村の地の近くを東南に向かっていたと考えられます。

小栗街道

　この辺りから南の鎌倉街道は小栗街道とも呼ばれています。小栗とは説教節や歌舞伎で有名になった「小栗判官」のことです。判官は瀕死の状態で藤沢から鎌倉街道を西に、最後は熊野の湯峰まで引かれて行きました。その道筋が人口に膾炙されたため、その経路の中に「小栗街道」と呼ばれている所がたくさんあるのです。説教節とは、たとえばこの付近では、

…　熱田大明神を引き過ぎて、
　　坂はなけれどうたう（尾頭）坂、新しけれど古渡
緑の苗を引き植えて、黒田と聞けば、
　　いつも頼もしのこの宿や　…

などと、地名をおもしろく歌い込んでいます。

中村公園の東南、昔、庄内用水の中井筋が流れていた所に「小栗橋」という名の小さな橋がありました。用水ができた江戸時代の初めに鎌倉街道はこの辺りを通っていたとされていたからでしょう。時代を経ない情報だけに確度は高く、鎌倉街道がこの橋の所を通ったとされる定説は、街道さがしのひとつのポイントになります。この付近には、古い油江天神があり、一里山という気になる地名もありました。

鎌倉街道のルート

萱津の宿から庄内川を渡って東南に進むルートについては一つの大きな手がかりがあります。しかし中村よりも南を中心にした話になりますので次節で紹介することとし、ここでは鎌倉街道（小栗街道）は、東宿と呼ばれる所から上中村を横切り、用水の小栗橋付近を経由し、下中村の東側を通っていた、という程度にしておきたいと思います。

東宿にある明《あかり》神社

中村公園内にある「豊公誕生地」の碑

3　鎌倉街道をさがす②

…市バス豊公橋停から

それでは街道をさがしつつ東宿から中村にかけて歩いてみましょう。前節の終点になった市バス豊公橋停からすぐ東の信号を南に入ります。少しカーブしていますが、この道は庄内用水西井筋の跡の道になります。二つ目

中井用水跡の歩道。ここの境界杭に「小栗橋」と刻まれている

秀吉の母が男児誕生を祈ったとされる日の宮神社

の信号を右に入り、少し行くと右側に墓地があります。この墓地は、今は普通の墓地ですが、昔は地元で「じょろばこ」と呼ばれた女郎墓のあった跡とされる所です（図7：A点）。

バックして用水跡の信号に戻り、渡って東に進みます。付近は昔の東宿村の中心部になります。信号を過ぎて少し行くと左に東宿の明神社があります（図7：B点）。鎌倉時代初期に東宿の鎮守として創建されたといいます。

神社の正面の道を南に進むと、少し行った広い道は中村公園の南側を通る道になります。街道は東宿からは東南東に進んだと考えられます。しかしそのルートは宅地内になるので東に進み、ついでに中村公園付近の秀吉の史跡に寄ってみましょう。

公園正面からまっすぐ豊国神社に入ります。本殿の右に回ると「豊公誕生地」の碑があります。太閤の出生地には三つほどの候補地がありますが、ここが出生地の候補の一つ目です。東に進むと公園を出た所に太閤山と名づけられた常泉寺があります。ここには秀吉の産湯の井戸や手植えとされるヒイラギがあり、出生地の候補の二つ目です。寺の南に回ると、隣接して加藤清正が自らの出生地の近くに移設したという妙行寺があります。江戸時代、清正が秀吉の故地を守ったともいわれます。寺の前の道は公園の南側からの道で、東に進むと、信号で交差する緑道が庄内用水中井筋（惣兵衛川）跡になります。

右に曲がって用水跡を進むと、四本目に交差する道が昔小栗橋の架かっていた所で、足元には、読みにくいですが「小栗橋」という小さな刻印があります（図7：C点）。街道は先ほどの東宿から宅地内を斜めに通り、この付近に出たのではないかと考えられます。名古屋市内の鎌倉街道は全体的には西北から東南方向に斜めに進んでいました。そのため近代になって東西・南北に区画整理された宅地開発の中で、その多くが消えていったのです。

街道の跡を追って南、東と進みます。先ほどの小栗橋の一本南の広い道を左に曲がり、交差点を越えると左は名古屋第一日赤病院になります。ここでは病院のできる前に存在した遊里ヶ池という池の掘削時に縄文時代の壷が出土したといいます。

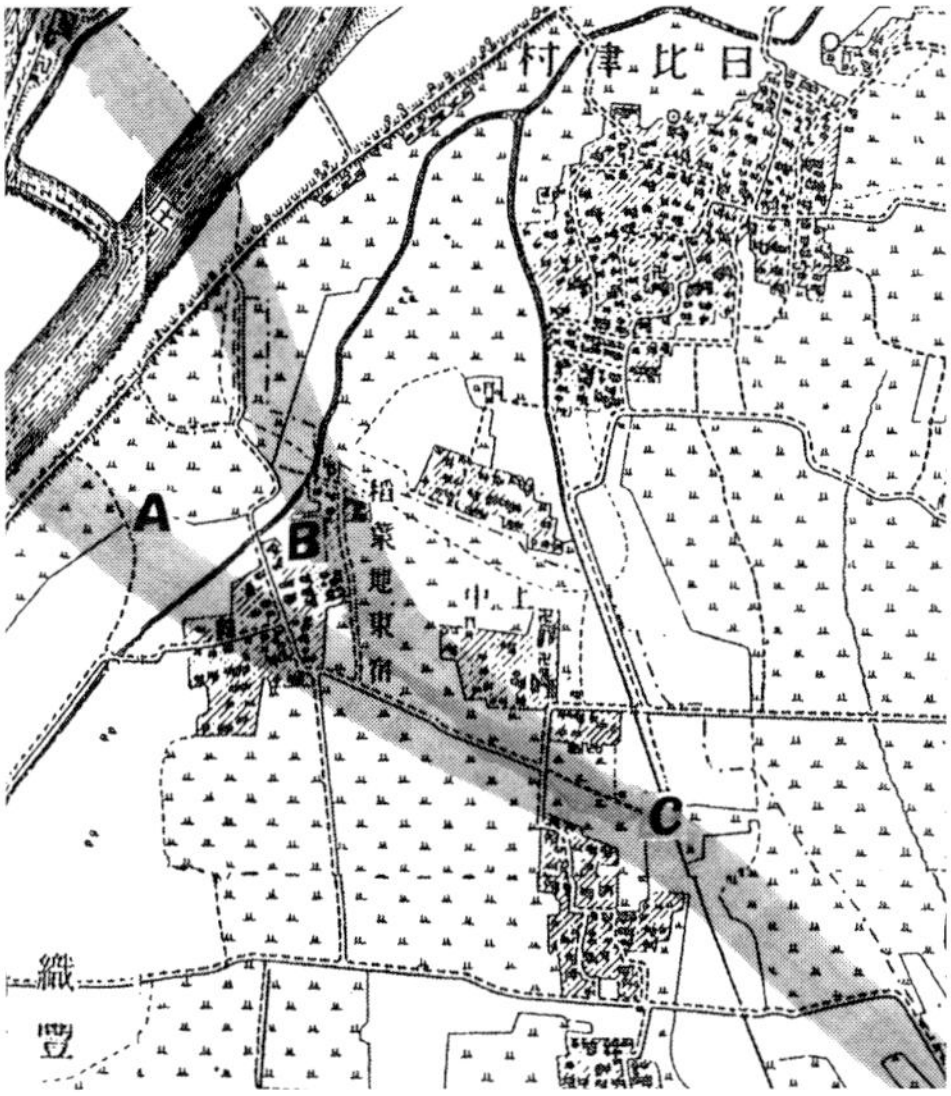

図7　中村区の東宿町、宿跡町付近（明治24年）

街道からは少し離れますが、そのまま少し足を延ばすと信号から二本目の角は昔の中村遊廓の中になります。大正十二年、中区の大須から遊廓が一斉に移転しました。その規模は三万坪といわれ、東京の吉原を超えるもので、中村はこの地方の一大歓楽街になりました。戦後の法律で禁止され、今では当時の大正建築が数軒残る街になっています。

南に曲がると斜めの道で遊廓跡を出ます。道なりに行くと幹線道路（太閤通）を渡ります。この渡った少し先が鎌倉街道の通っていた所だと考えられますが、もちろんその跡は消えてしまいまったく存在しません。ここから先もしばらく街道は住宅地の中に消えてしまっています。少し南に行くと、その次の信号交差点が千成通です。本節の鎌倉

小田原戦の帰路、秀吉と清正が大盤振舞をしたとされる所

街道さがしはここまでとしましょう。

さて、せっかく中村に来たので、街道とは離れて秀吉の旧跡を回って地下鉄駅に戻ります。交差点を西に曲がって千成通を三百メートルほど行くと、左に公園が見えます。入ると日吉公園で、その東部分に日の宮神社があります。ここは古くは日吉権現といい、秀吉が生まれる時、母が男子が生まれるようにと日参した所で、日吉丸の名はここから出たといいます。

千成通に戻り、西に二つ目の信号を右に曲がると、その先に下中八幡社が見えます。源為朝の創建とされる古い神社です。その少し東には正賢寺があります。神社の横を北に進むと、公園の次の道の左奥に薬師寺が見えます。この寺は秀吉が小田原の陣の後、中村に立ち寄った時に拝んだ寺といわれます。その奥には、当時日吉が手習いしたという光明寺もあります。さらに北一本目の左には、秀吉の母の菩提寺という西光寺があります。

寺を過ぎて二本目から三本目にかけての右側は秀吉の実父、木下弥右衛門の屋敷（弥助屋敷）があった所とされています。ここが秀吉出生地の三つ目の候補地です。そしてその北の道を左に曲がったところは、小田原の陣の後、清正と秀吉で大盤振舞いをした所といわれています。このように秀吉のいろんな伝説が残るのはこの付近の「中」中村なのです。そして、出生地も本当は三つ目の候補地の中中村だったとする節が有力です。江戸時代に、中中村という村がなくなっている（徳川によって消された?）のは逆にそれを暗示しているのかもしれません。道を西に行くと、右側に地下鉄中村公園駅のバスターミナルがあります。

参考 本節で紹介したルート

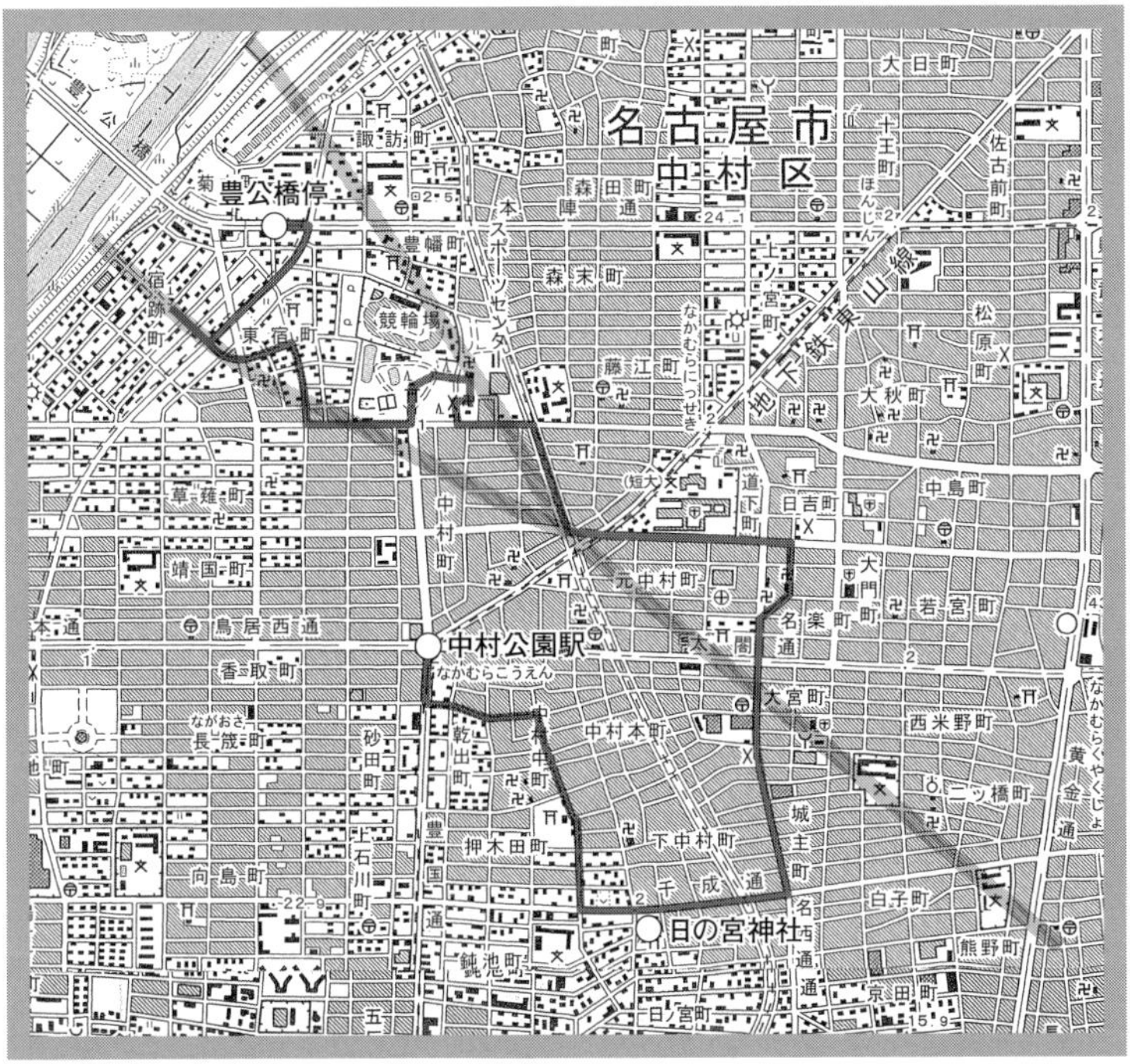

4 幻の都市の萌芽

奈良や京都といった政治の中心地を除くと、日本に都市というものが芽生えたのは中世の末、室町時代のようです。そのころ経済の発達とともに、全国のあちこちに、港町、門前町、宿場町、城下町等が生まれはじめ、育ちはじめたと考えられます。東宿も、「市」と「宿」を備え、名古屋の中では熱田（社・湊）と並んで早くから街が形成されかけた所ではなかったのでしょうか。

しかし残念ながら、前節にも触れたように、戦国時代の末になると清須城の城下が栄え、北側に枇杷島を通る新しい街道ができたようです。そして次第に東宿も人通りから外れていったのです。義経や頼朝が通り、西行の歩いた街道も、都市の芽が出かけた街角も、今は想像力の世界になってしまいました。

3 古代道路の跡

中村から古渡

1 古代の東海道

古代の道路というと、くねくね曲がった細い道を想像しがちです。ところが意外なことに、全国で掘り出される遺跡の状況から、古代を代表する官設の道路・「駅路」は広幅員で、しかも何キロもまっすぐだったと考えられています。残念ながら名古屋付近でその跡は発掘されていませんが、その可能性のある所が名古屋市内でも指摘されているのです。

下図（図8）は、明治二十年代の中村区から中川区にかけての地図に加筆したものです（文献6）。図中の左上の方に「東宿」とありますが、そこから右下の「露橋」にかけて、地図上の道路や区域の境を示す点線に沿って四つの▲印が打たれています。この印は古代道路研究会会長の木下良氏が打たれたもので、東宿から露橋に向かうこの細い直線状の道が古代駅路の跡

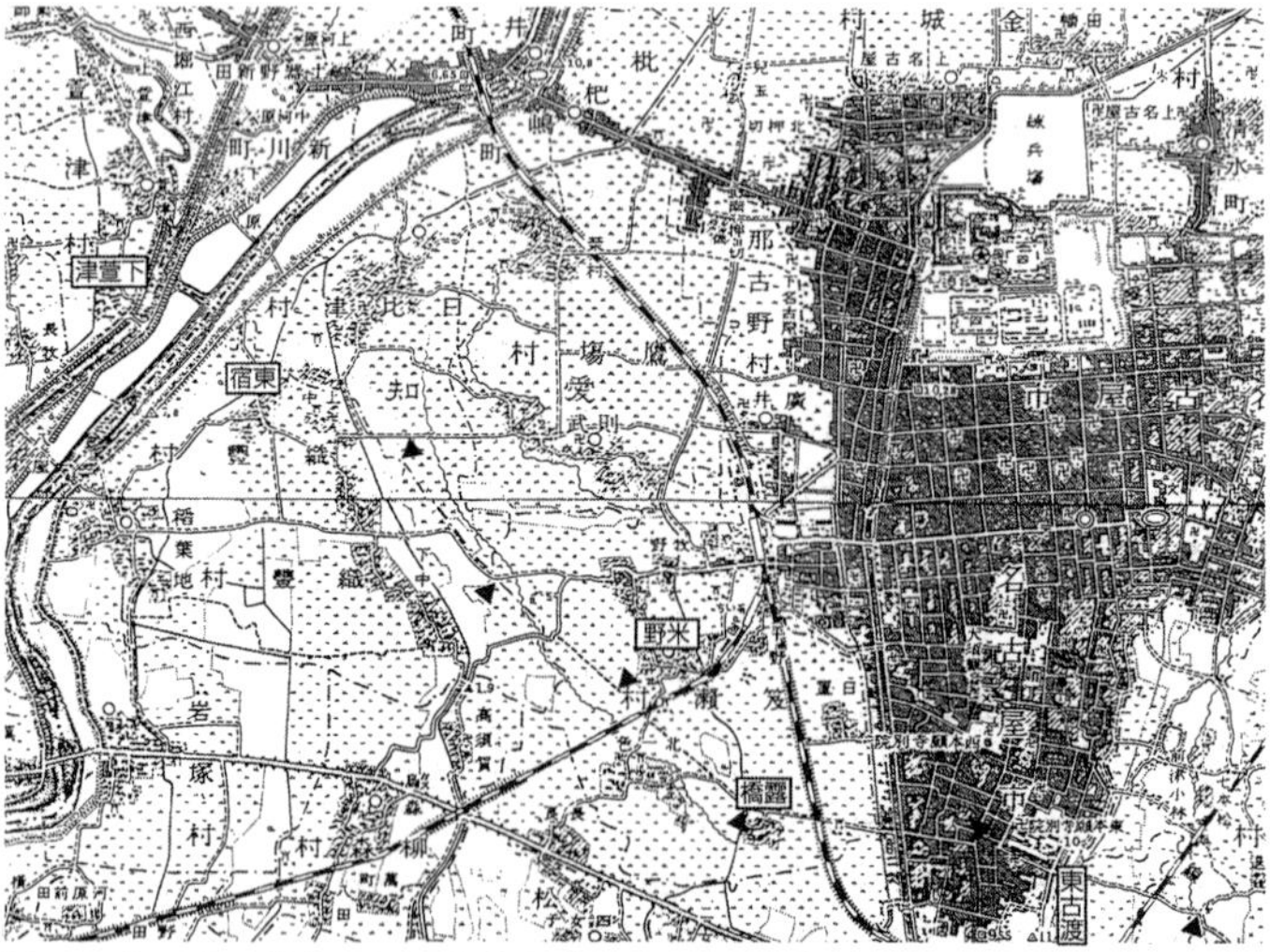

図8　木下氏が推定した古代東海道のルート（文献6）

ではないかと指摘したのです。

このルートは大きく見れば、古代東海道が通ったとされる名古屋の西北の萱津と東南の二村山（豊明市）を結ぶ線上にあります。加えて現代の古代道路研究の第一人者の指摘だけに大きな期待がもたれます。本節の中村から東南に向かう鎌倉街道も、実はこの古代道路を引き継いだ中世の道ではないかと考えられるのです。

2　古代道路の痕跡

図9　明治17年の地籍図に見える帯状の土地（文献6）

木下氏の論拠

先の木下氏の指摘は、前ページの図にある斜めの不自然なまっすぐの道に目をつけたことだけではありません。重要な点は、明治時代になって地租徴収のためもっとも早い明治十七年につくられたとされる地籍図を調べて、そこに古代道路が存在した可能性を発見したことにあります。

上図（図9）は、その線に沿った明治の初めの地籍図です。中央の線は字の境になりますが、よく見るとその線に沿って短冊状の土地がいくつかつながっているのがわかります。このような短冊状の土地の連続

図10　明治時代の中村から露橋（明治24年）

は古代道路遺跡の発掘調査の事例に多く見られることから、木下氏はここも古代の道路跡ではないかとしたのです。幅は短冊の太さからおおよそ十五メートルくらいと推定されており、これも全国の古代官道遺跡で確認される溝の中心間距離十二メートル（総幅では十五メートルほど）という道路の規模と並ぶものです。

直線道路の確認

この直線の道は、残念ながら現在まったく残っていません。しかしよく見ると横断している道路の中にW型をした特徴ある所があります。この形状は明治の地形図にも記されており、江戸時代に城下から西南に烏森へ向かう柳街道の一部と考えられるのです（図10の丸印）。そこでその前後の位置を押さえることによってW型の地点を特定しました。すると、そのWの位置は次項で説明するように黄金中学校（中村区）の校庭内と推定できるのです。

この直線の道は文献や現地でもいくつかの裏づけができます。たとえば江戸後期ですが、

『尾張徇行記』：中村より露橋村の方に古の小栗街道の跡がある
『尾張地名考』：稲葉地村から斜めに古渡村まで昔の鎌倉街道の跡畔のごとく残れり

とあって、江戸時代末にも道は残っていたようです。
露橋の手前で、昭和初期に中川運河を建設した時、近くを通る鎌倉街道とされる道にちなみ「小栗橋」の名を残しました。街道は橋の少し北を通っていたとされ、これも先ほどの直線道路に符合します。この他にも、後で現地を訪ねるときに紹介しますが、点々とその道跡を見つけることができるのです。

露橋で曲がって

図8の直線の下側の角は露橋で、そこで東に曲がっています。そして曲がった後もまっすぐに東に向かっています（図の右下の▲）。その位置は明治の地図と対比すると現在の幹線道路（山王線）になり、堀川を越えて、道路の中をほぼ平行に進んでいるのがわかるのです。

鎌倉街道のルート

前節の中村公園の東にあった中井筋（惣兵衛川）の小栗橋跡のポイントから東南に向かう鎌倉街道は、明治の地図に残る直線の道が古代道路跡とすれば、中世の道もほぼこれを引き継いだ道であったと考えられます。また古代道路ではなかったとしても、明治時代の地図に斜めの直線道が残っていることから、鎌倉街道は、おおよそこの線に沿って露橋に向かっていたと考えることができます。
また露橋から東に古渡に向かう道については、その傍に古い風情を残し鎌倉街道跡とされる旧道があります。

しかしそれらは江戸時代の集落の中を通る道と考えられます。少々古代道路説に偏りすぎかもしれませんが、ここでは鎌倉街道は明治時代も直線で残っている現在の山王線の中を通っていたとしておきます。

3　鎌倉街道をさがす③　…　地下鉄中村区役所駅から

それでは中村の東から古渡に向かって、鎌倉街道の跡を追って歩いてみましょう。地下鉄桜通線の終点、中村区役所駅の４番出口を出ます。幹線道路（黄金通）を南に進み、横断歩道橋の次の道を右に曲がります。この道は先ほど紹介した江戸時代には柳街道と呼ばれていた道です。一本目の角を左に曲がります。旧道は少し

黄金中学付近の街道ルート。もちろん痕跡もない

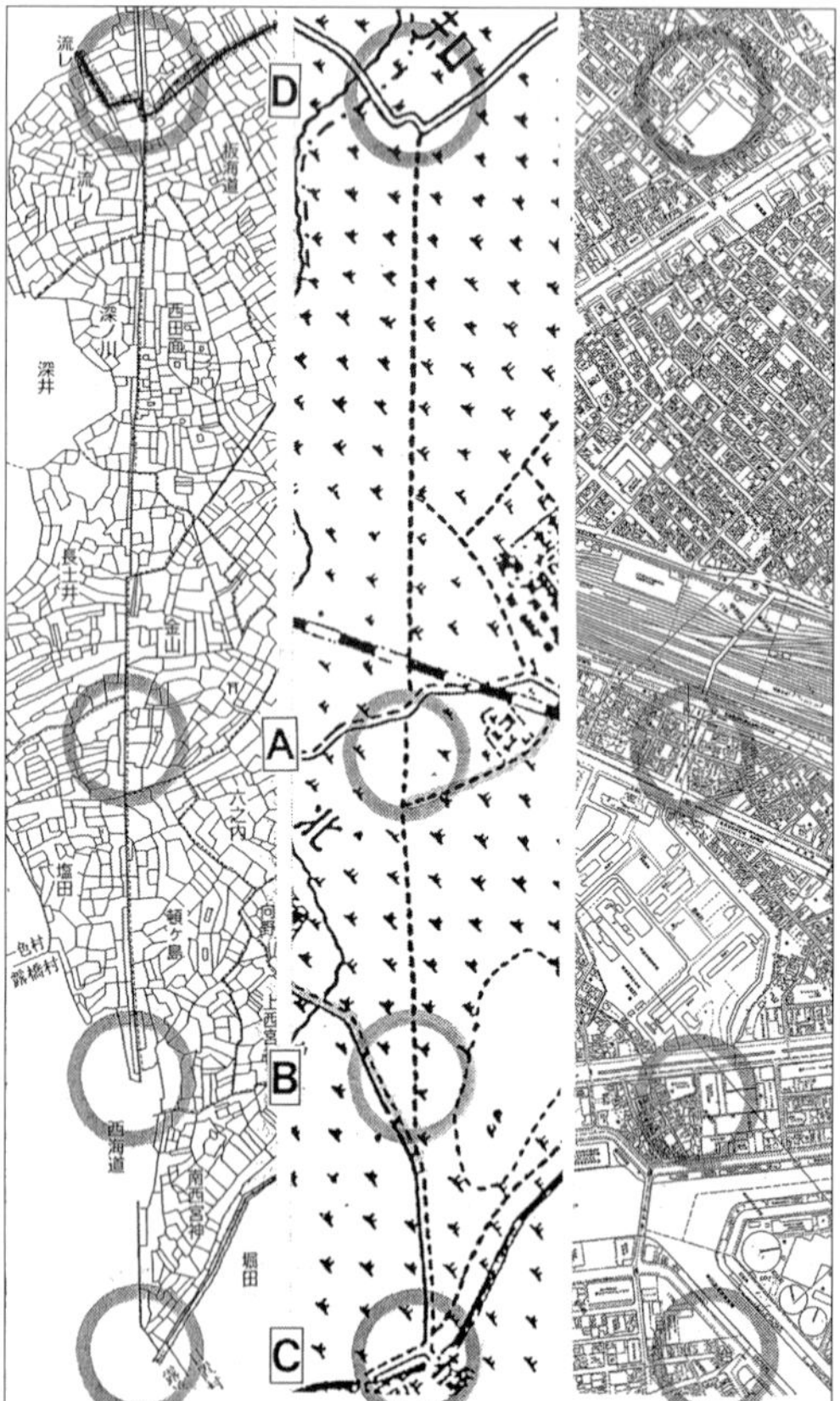

図11　中村から露橋にかけての地籍図（左）、地形図（中）、現在（右）の対比
A、B、Cの3点で旧道が残っている

ずれて宅地内を通っています。南に進むと広い道に突き当たります。この道は千成通で、西に五百メートルくらいの所が前節の街道さがしの終点とした地点になります。正面は黄金中学で、校庭は先ほど述べたW型の道の所です（図11：Ｄ点）。校庭には入れないので左に回り東門から眺めることにします。南に校庭を過ぎた所の道を左に曲がり、すぐの信号を渡ります。この先も斜めの街道跡は完全に消えています。

幹線道路（黄金通）を南に、次の歩道橋の手前の道を東に進むと突き当たりの右側に金山神社があります。この南の一帯は名古屋城築城の時の石切場でした。中川運河の前身にあたる笈瀬川（中川）は露橋付近から下流は川幅が広く、築城の石が一旦陸揚げされ、付近で加工された後、さらに川を遡り押切（西区）の辺りまで運ばれました。この神社はその当時の石工たちがまつったものだといわれます（元は少し南の、今のＪＲ線路内にありました）。

向野橋から見た名古屋駅付近の景観

跨道橋から見た街道の推定方向。九重町の道

　神社を東に行くと鉄道の線路になります。すぐ跨線橋の向野橋への階段があります。上ると左手に名古屋駅前の高層ビル群が手前の米野の古い家屋群とおもしろい対比を見せています。向野橋は明治十九年アメリカ製作という名古屋最古の橋で、元は京都の京都鉄道（現在のＪＲ山陰線）に架かっていました。橋を渡

工場に挟まれた月島町の道

中川運河に架かる小栗橋。この少し上流を街道が通っていたという

り、鉄道マニアに人気の操車場を越え、南の階段を下ります。橋の降り際が下の道に対し斜めになっています。もともと階段の方向に水路と細い道があり、九重町の道と呼ばれて鎌倉街道跡とされた道でした（図11：A点）。新しい広い道路ができて変わってしまいましたが、よく見ると手前の道の角や向こうの幹線道路の左の道路の隅切りが斜めに切られて旧道の跡を伝えています。幹線道路（運河通）の交差点の向こうは大きな豊成団地でここも街道跡は消えています。

団地を迂回方々、昔の北一色村の集落跡を訪ねてみましょう。交差点を右に、団地の西側に回ります。左に草地がありますが、これは徳佐川の跡です。北一色は低い土地で洪水に悩まされ、地元の安井徳佐衛門という人が私財で排水路を整備した跡です。左に曲がって南に進むとすぐ左が神明社です。入口左に川を掘った徳佐衛門の顕徳碑があります。社の前を西に進むと正面に善行寺の裏門です。この寺の鐘楼は名古屋城築城の残り石が使われており、いくつもの石に大名の刻印が確認できます。（文献43）

寺の南の正面を出て左に進みます。しばらく行くと細い道になって、枯れた川の小さな橋を渡ります。先ほどの徳佐川の下流にあたります。進むと中川運河沿いの幹線道路に出ます。信号に迂回して反対側に渡り、進んできた道の延長上の道の次、一本北の細い道に入ります。この月島町の道は明治時代の地籍図の直線道の線上にあたる旧道なのです（図11：B点）。正面には金山にある高層ビルが見えます。道はすぐ中川運河に沿う広い道に出ます。道路を左に百メートルほど行くと西宮神社（金毘羅社）があります。この社は中川運河の鎮守とされていますが、ここには築城石切場跡の碑があります。

広い道を戻り、そのまま南に行くと小栗橋です。中川運河は昭和の初めに大工業都市を目指し、区画整理によってつくられました。付近の運河と倉庫群の風景はなにか戦後を思わせるものが残り、昭和三十年代を描いた映画『泥の河』（監督が偶然、小栗氏）にも登場しました。街道はこの橋の少し上流側を通っていたといいます。

露橋の集落に残る街並み（街道方向ではない）

小栗橋を渡り、左に道なりに進むと信号があります。渡ると南への道がすぐ東に向きを変えて道路の山王線になる所があります（図11：C点）。古代道路は、明治の地図からいうとこの付近で東南から東へと向きを変えたと考えられ、鎌倉街道もこの付近で曲がったのでしょう。山王線は東方向にまっすぐ進んでいますが、露橋の集落をたずねるため二本南に行った旧道に入ります。曲がり角は名古屋が誇る鈴木バイオリンの工場です。左に曲がり東に進むと古い集落が残ります。

屈曲して進んだ後、広い道に出たら左に山王線に戻ります。東に進み、鉄道のガードと名鉄の山王駅を越え、その後は北側の歩道を行きます。まっすぐな道は徐々に広くなり、東に堀川の山王橋を渡ると熱田台地にかかります。本節ではこの古渡への取付きまでとしておきましょう。バ

参考 本節で紹介したルート

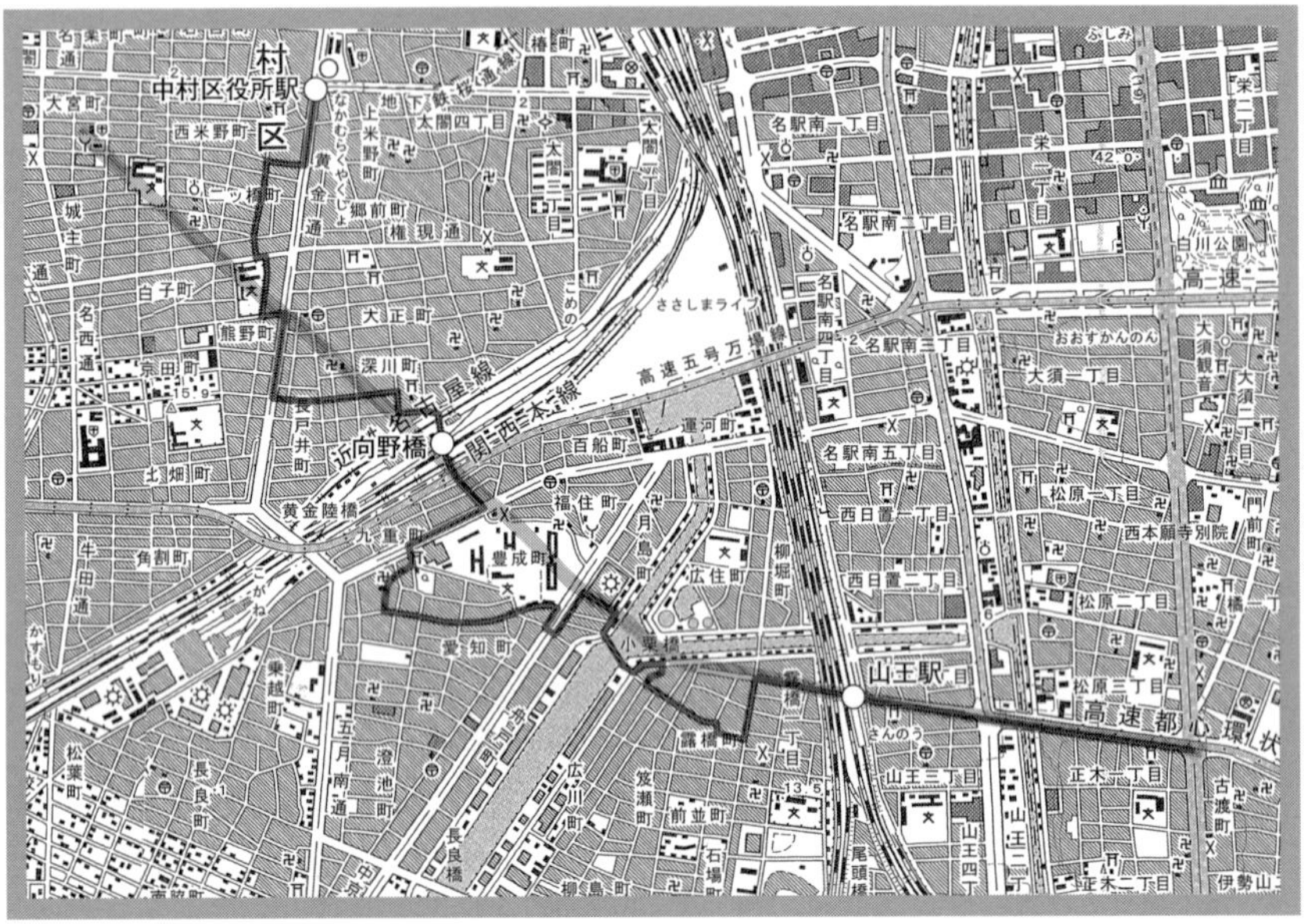

ックすれば名鉄の山王駅。そのまま幹線道路を越えて進めば、少し距離はありますが、地下鉄の東別院駅になります。

4　古代の道から中世の道へ

本節の鎌倉街道をさがす旅は、木下氏の古代道路説を追うことになりました。一九七〇年代に全国各地で遺跡が発掘されるようになるまで、古代の道路が広幅員で直線だったとはなかなか想像できませんでした。江戸時代の街道から考えると、それ以前の道はもっと細く曲がりくねっていたと考えがちだからです。

しかし、それは徳川幕府の政策のためでした。古代の計画道路や、それを引き継いだ中世の街道も、早馬や大軍の移動が必要でした。何万人という軍勢を速やかに移動するには屈曲の少ない、幅員のある道路が必要とされるのです。鎌倉街道をさがす時も、このことは常に念頭に置かないといけないようです。

二章

低地を過ぎる

——舟渡りともいわれた道筋——

古渡に向けて、名古屋台地を駆け上った鎌倉街道は、その先で二つの候補に分かれます。ひとつは、向きを熱田の宮に変えて南に向かう道。いまひとつは、そのまま東に台地を下り、精進川（現：新堀川）の低地を越えて瑞穂台地へと向かう道です。もちろんそれらの中間の道も考えられます。この区間のポイントは、熱田の宮を通ったかどうか。そして当時は海だったかもしれない精進川の低地をどこで渡ったか、です。

この二つのルートは、古代東海道から近世東海道への移行途中ということも考えられ、中世には、両方があったのかもしれません。本章では、一概に決めつけないで、二つに分けてそのルートを追ってみることにしたいと思います。

4 宮に寄る道

古渡から熱田

1 「よきぬみちなれば…」

鎌倉時代にも、熱田の宮の名声は全国に広がっており、街道を旅する人はほとんどが宮を参拝したようです。鎌倉時代の紀行文の中でも、前に紹介した『海道記』、『東関紀行』など、みな熱田に寄ったことを記しています。

しかし、鎌倉街道が熱田を通っていたかどうかとなるといまひとつ定かではありません。そのことを微妙に示しているのは、鎌倉時代後半の一二七七年に書かれた阿仏尼の『十六夜日記』です。そこでは、熱田の宮で歌を読む前の断り書きに、

…　二十日、尾張の国おりとという駅（うまや）をいく

よ（避）きぬみちなれば　あつたのみやへまいりて、硯とりいでて　…

とあり、その後、宮で数首の歌を詠んでいます。ここで、「よきぬみちなれば」の意味を、

①避けることができないので（物理的）…、ととるか、

②通り過ぎるわけにもいかないので（心理的）…、

ととるかで、街道のルートが変わってきます。すなわち、①ならば、街道は宮を通っていることになります。一方、②ならば、街道は通り過ぎることのできる位置にある…ということになるのです（図1、この解釈のヒントは文献17）。

露橋から東に熱田台地に取り付いた鎌倉街道を追う旅は、ここ古渡で東と南の大きく二つの方向に分かれることになります。本節ではこのうち、まず、①の南の熱田への道について考え、②の東への道は次節に紹介することにします。

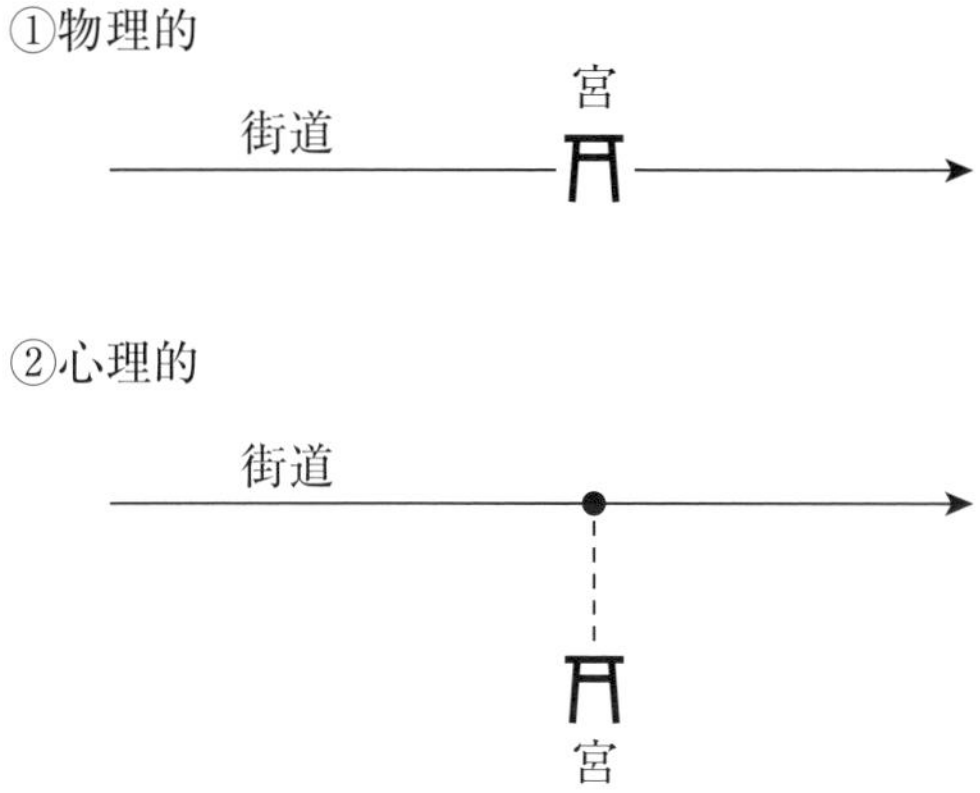

図1　『十六日記』の「よきぬ・・・」の解釈例

2　古渡から熱田

古渡というところ

名古屋の地形図を見ると、その中央に、南北にかけて象の鼻のように延びた台地が目につきます。これが名古屋台地で、南部では熱田台地とも呼ばれています（図2）。古渡はその名古屋台地の中ほどにあり、名の起こりは台地の付近に古くは海か川があり、渡りになっていたからだといいます。ただし、この渡りが台地の西にあったのか、東にあったのか、また台地の上にあったのかについてはいろいろな説があります。

古渡は古代東海道の通過地ともされ、前節で紹介した露橋からの直線道路もここを通っています。また古代から中世にかけての遺跡も豊富で、「宿」としての可能性も十分といえるでしょう。現に、すぐ南の伊勢山中学校遺跡からは、中世の馬の骨がまとまって出土しており、街道の存在を想像させます。鎌倉街道もこれまでの経路からみても、これらの事実からみても、この古渡を通っていたことはかなり確率が高いといえるのではないでしょうか。

熱田の宮への道

熱田台地の南端は熱田の宮です。熱田付近は中世においても、源頼朝が生まれたとされ、足利祖家ともつながった有力な地域でした。このため熱田の宮を通った人には、将軍や有力者など多くの記録が残ります。ところが古渡から熱田への街道がどこを通っていたかとなると、中世の紀行文等にも触れられていません。候補となるのは台地のほぼ中央を進む江戸時代の美濃路（今の国道19号）か、あるいは台地の東側を通る今の

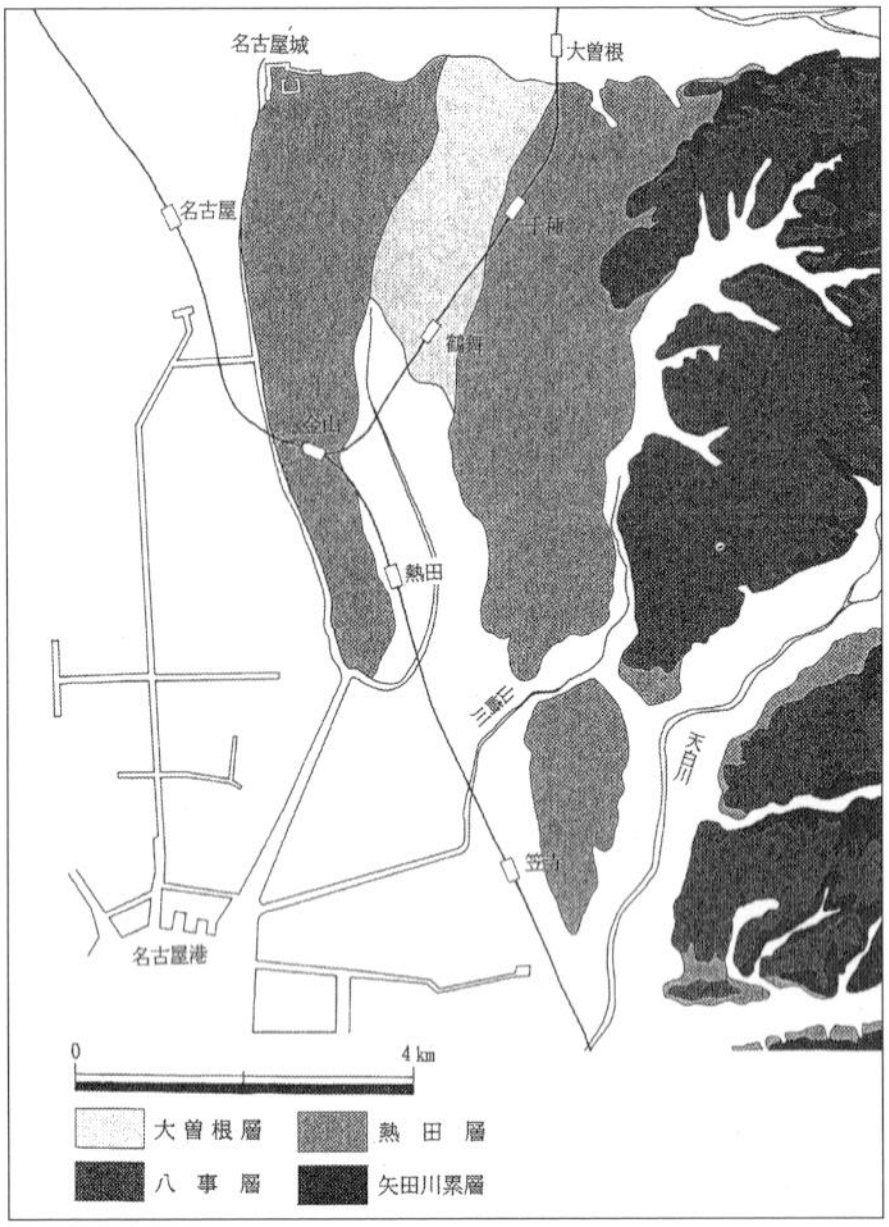

図2　名古屋の地形をつくる地盤（名古屋市教育委員会）

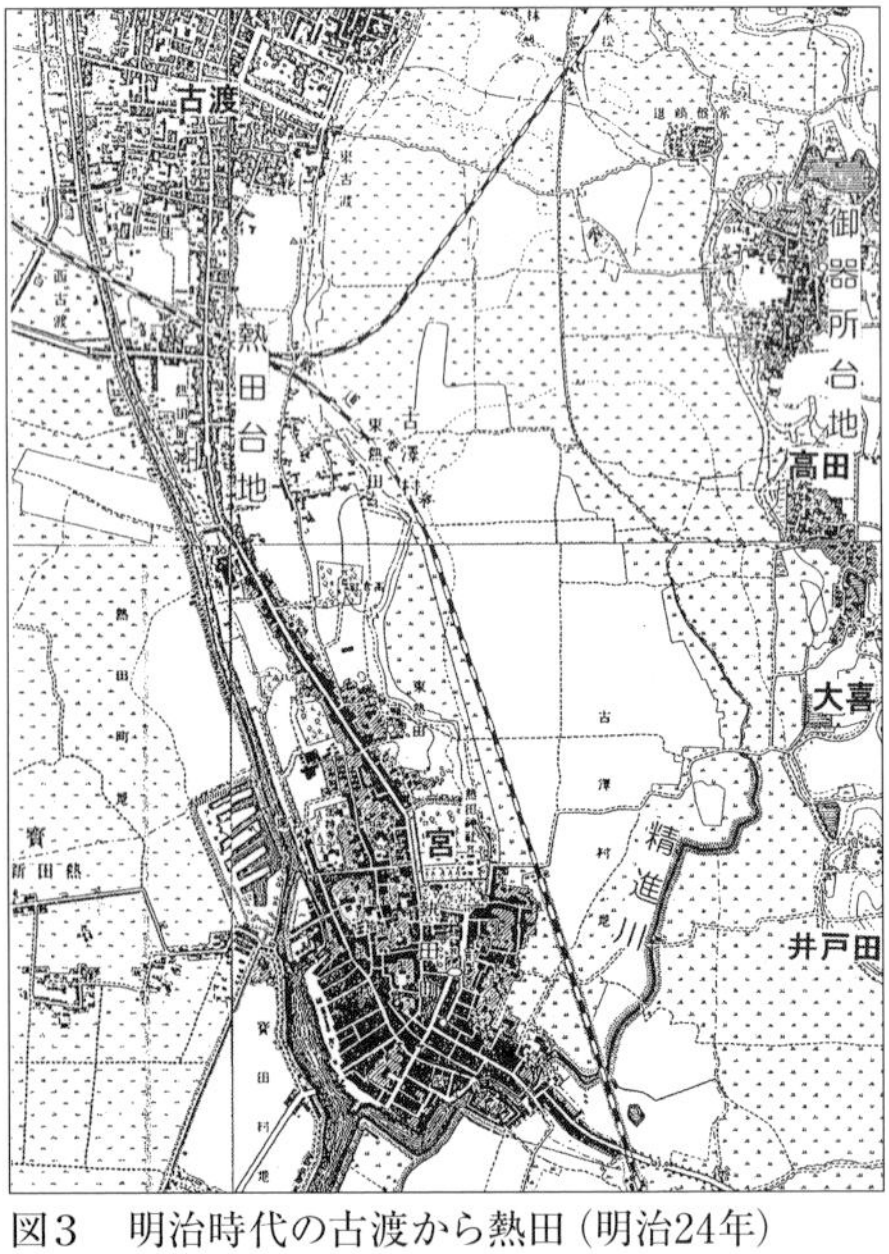

図3　明治時代の古渡から熱田（明治24年）

大津通付近の道でしょうか。後者は経路沿いに古代からの史跡が多く、金山から南には旧道も残っています（図3）。この経路沿いでは、高蔵遺跡の南側で、中世の溝を伴った道跡らしきものが発掘され、街道跡の存在が期待できます。

このルートを探るうえで、気になるのは国道の尾頭橋交差点南にあった熱田神宮の一の鳥居です。この鳥居が中世からあれば、鎌倉街道の美濃路ルートが有力になるのですが、中世の宮を描いた（江戸時代の複写ですが）『享禄絵図』には該当する鳥居がなく、一番北に画かれた鳥居は東西に通るものになっています（図4）。

図4　享禄時代（戦国時代）の熱田社（『尾張名所図会』）。一の鳥居は見えない

熱田社を越えて

街道から熱田の宮に入るのは、北門は七世紀に宝剣の盗難事件があってから閉ざされていたので、中世では西門か東門でしょう。もちろん現在の門とは違います。問題は本殿で参拝した後どちらに出たかになります。東側には、小野道風筆とされる額の残る「春敲門」がありました。その付近を東に出ると、かなり後まで海水が入り込んでいたという精進川の低地になります。ただ、ここには十一世紀には宮司の田島氏が埋め立てをして屋敷を築いたという記録があり、埋立が始まっていま

した。したがって、その先で海か川を渡って対岸の瑞穂台地の大喜付近に取り付くことができたと考えられます。

南門を出ると、これは後の近世東海道ルートにつながります。江戸時代伝馬町となった所は、それ以前は東側が今町、西側が宿町といわれていたようです。今町は新しくできた町で、その先にさらに築出という埋立地があったようで、こちらも徐々に陸地化が進行していました。この付近は戦国時代にはすでに潟ではなく川になっており、一五九一年には橋の架け替えが行なわれ、一六二二年には、街道には、ギボシに刻まれた名文で有名な「裁断橋」が架けられています。そして低湿地帯を渡った先は、東に進めば瑞穂台地の先端、井戸田です。また、東南に進めば笠寺台地の西北端に取り付くことになります。

鎌倉街道のルート

以上から、古渡から熱田を越える街道のルートも一本には絞れませんでした。ここでは古渡から宮までは、ひとつは台地の中央を通る、江戸時代の美濃路、今の国道ルートを。いまひとつは、やや東側の高蔵を経由する旧道ルートの二つのルートとし、宮から先の低地の横断も東門を出て東に向かうルートと南門を出て東または東南に向かうルートを想定しておきたいと思います。

3　鎌倉街道をさがす④　…　地下鉄東別院駅から

それでは鎌倉街道の跡を追って熱田への道を歩きましょう。前半は国道ルート、後半は旧道ルートを中心に辿ります。

地下鉄の東別院駅の4番出口を出ます。すぐに交差する幹線道路（大津通）付近は前述した台地の東側を行く旧道ルートの曲がり角にあたります。しかし旧道ルートも金山まではその幹線道路の中です。ここではまっすぐ信号を渡ります。西に歩くと右に東別院の大きな建物が見えます。ここは戦国時代に織田信秀が古渡城を築いた所で、境内西側に城跡の石碑があります。西に進んで国道を渡ります。この広い道路の中に江戸時代の美濃路があり、中世にも台地の中央部を行く熱田への道があったのかもしれません。中央部を行く街道ルートの曲がり角になります。想定する国道ルートも幹線道路の中なので、少し西にそれて中世以前の史跡を廻ってみましょう。交差点の西南を西に行く

山王稲荷社。右奥の小さな社が山王社

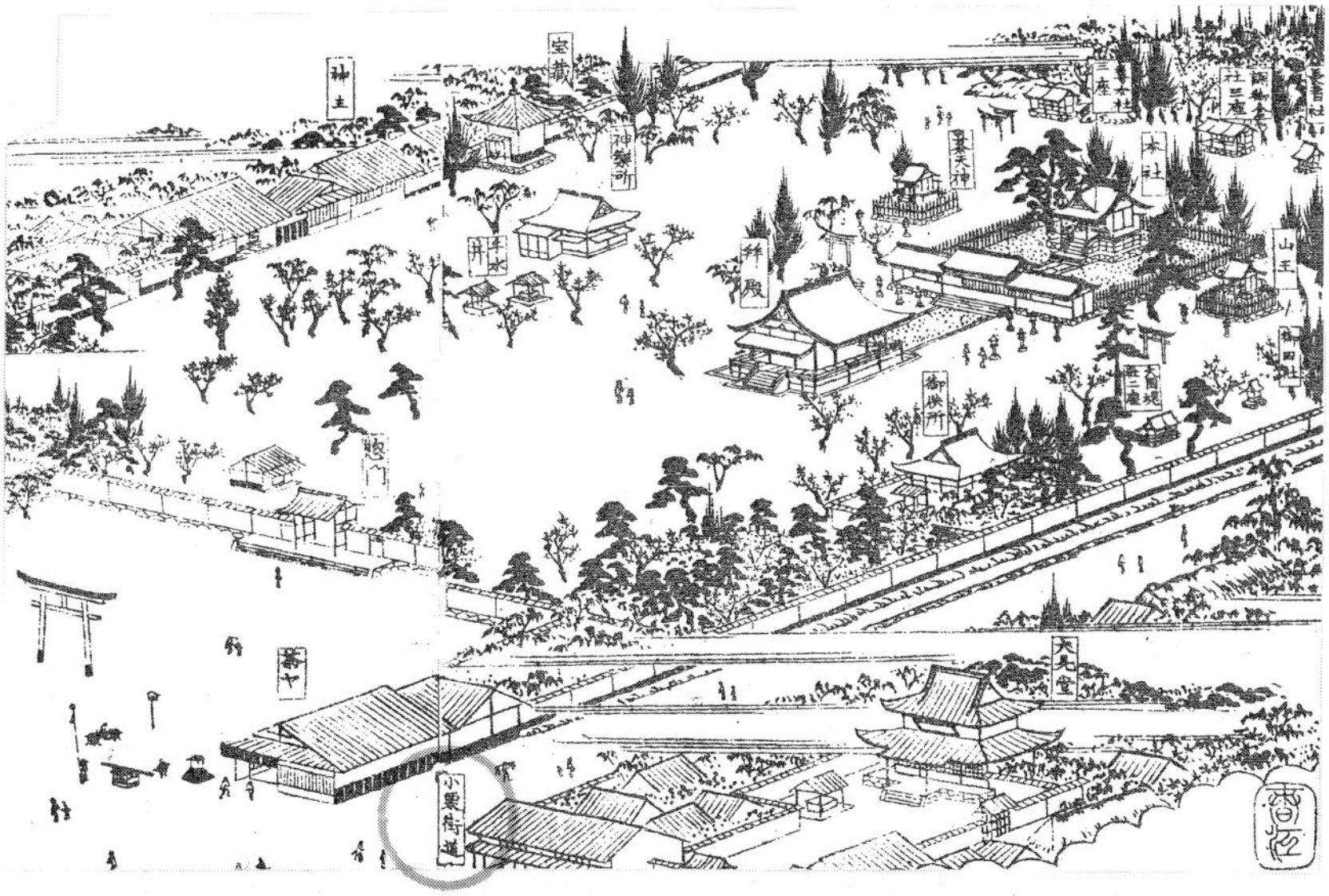

図5　『尾張名所図会』に見える鎌倉街道。中央部下に「小栗街道」と記されている

闇森《くらがり》八幡社の中にある源為朝の兜塚

中世、熱田社の鍛冶織がまつったとされる金山神社

と、すぐ古渡稲荷があります。脇にある山王社も有名で山王稲荷ともいわれ、現在の山王通の名にもなりました。江戸時代の『尾張名所図会』にはこの稲荷と今は道路の中に消えた犬御堂との間の道が鎌倉街道（小栗街道）としています（図5）。このためでしょうか。社の北の入口には、「鎌倉街道」の石碑が立てられています。

　稲荷社の一本西の道を南に入り、次の信号を右に行くと闇森八幡社があります。保元の乱に敗れ、伊豆に流された弓の名人源為朝の創建とされる社で、本殿西に為朝の鎧塚があります。先ほどの信号に戻って南に進みます。少し行くと掘割になったJR線と名鉄線を越えます。左側には金山のビル群が見えます。越えた次の道を右に入るとすぐ右側に元興寺があります。現在の寺は江戸時代に興されたものですが、七世紀からこの一帯に元興寺という奈良の元興寺の系列の大きな寺がありました。一時期、尾張の国分寺を代替したという寺で、この地方で最も古い寺とされています。

　南に行くとバス道路があり、左に曲がって国道に出ます。国道には、その交差点の西南角に佐屋路の道標があります。そして南に行った新尾頭交差点を越えた所には熱田神宮一の鳥居跡の碑があります。ただ、先に述べたように、中世の熱田神宮の絵図からは江戸時代のような南北に通る島居は見つかりません。

　ここからは台地の東側の道跡を辿るために信号を東に行きましょう。少し行くと北側奥に金山神社があります。中世、宮の鍛治師がまつった社とされ、この神社の名が今日の名古屋の副都心「金山」の地名になりました。すぐの信号を渡り東に、一本目を右に曲がります。この道は金山橋で幹線道路（大津通）と分かれて宮に向かう旧道になります。沿道に、今はなくなりましたが、点々と古墳がありました。一キロほど行くと左手に高蔵公園があります。この付近は貝塚や古墳群があった高蔵遺跡で、公園の南の一角には高座結御子神社があり、宮と並ぶ古い社で尾張氏の祖神をまつります。神社の西南の旧道では中世の道路の跡が発見されました。残念ながら発掘区域が小さく、道の全幅が明らかになっていません。進むと国道に出ます。

高座結御子社。熱田社の境外摂社

大宮司の下屋敷跡にできた誓願寺。池跡に頼朝の産湯の井戸がつくられている

　ここで、想定した国道ルートと旧道ルートの道が合流しました。少し後ろの横断歩道橋を渡ると道の向こうには断夫山古墳が広がります。この古墳はこの地方では最大の前方後円墳で、全長百五十メートル、高さは十六メートル強あります。名は夫を断ったという宮簀姫をまつることからのようです。

　再び国道付近を通ったと考えられ

熱田社に残る「信長塀」。昔はこの位置で囲われていた

る街道ルートを外れて、近くの古い史跡を見てみましょう。公園に入り断夫山古墳の西側を回ってその南西に出ます。そこから白鳥古墳へは道が複雑ですが、南に二百メートルほどの所で、ここも公園になっています。白鳥古墳は古くから日本武尊の墓とされていたようで、古墳の東側の法持寺は九世紀に空海が武尊を慕って地蔵像をまつったのに始まるとされます。十五世紀に曹洞宗で再興され、大宮司の菩提所になっています。

寺の前の道を東に行き国道に戻ります。南に交差点を渡り少し行った右手に古い門が残された寺があります。誓願寺で、古くはこの付近に宮の大宮司の屋敷があり、源頼朝の出生地とされる所でもあります。中に進むと史跡を記念してその産湯の井戸がつくられています。

さて、いよいよ神宮です。南に進み、歩道橋を渡って、西門から神宮に入ります。熱田神宮は宮簀姫が草薙剣をまつったのに始まるとされる古社ですが、その形態は長い歴史の中で幾多の変遷があったようです。中世の頃の形は残りませんが、明治維新までは神仏習合で、寺と社が入り交じっていました。当時の中枢の区域は、信長が桶狭間の戦勝で奉納した信長塀が残っており、おおよその範囲をイメージできます。

入口の一つ、昔の東門（春敲門）は、今では神宮会館の中庭で、その位置に石碑が立てられています。東門から外への道は現在の東門の少し北、名鉄の踏み切りの位置になります。道はそこから低地を横断していたのでしょう。

もう一つの南門は今の信長塀の東の切れ目でしょう。その参道は宝物館の前面を通り、現在の正門の参道の東側に残る道です。そこから南は昔の面影はありませんが、当時は少し屈曲して後の東海道筋に出たと考えられます。その東の瑞穂台地への道は近世の東海道か、今の国道1号付近を進んだのではないでしょうか。今では想像もできない広い国道をながめて地下鉄の伝馬町駅の入口を下ります。

4　年魚市潟から精進川へ

熱田台地と瑞穂台地の間は古くは海が入り、年魚市潟と呼ばれたところの一つの湾墺でした。古代のいつごろかはわかりませんが、徐々に陸地化して、江戸時代の初めには今の国道1号線（堀田付近）の辺りまで陸地になりました。そして水路は精進川と呼ばれる、今の新堀川の前身になりました。鎌倉街道の探索が難しいのはちょうどこの遷移する時期にかかわるからです。

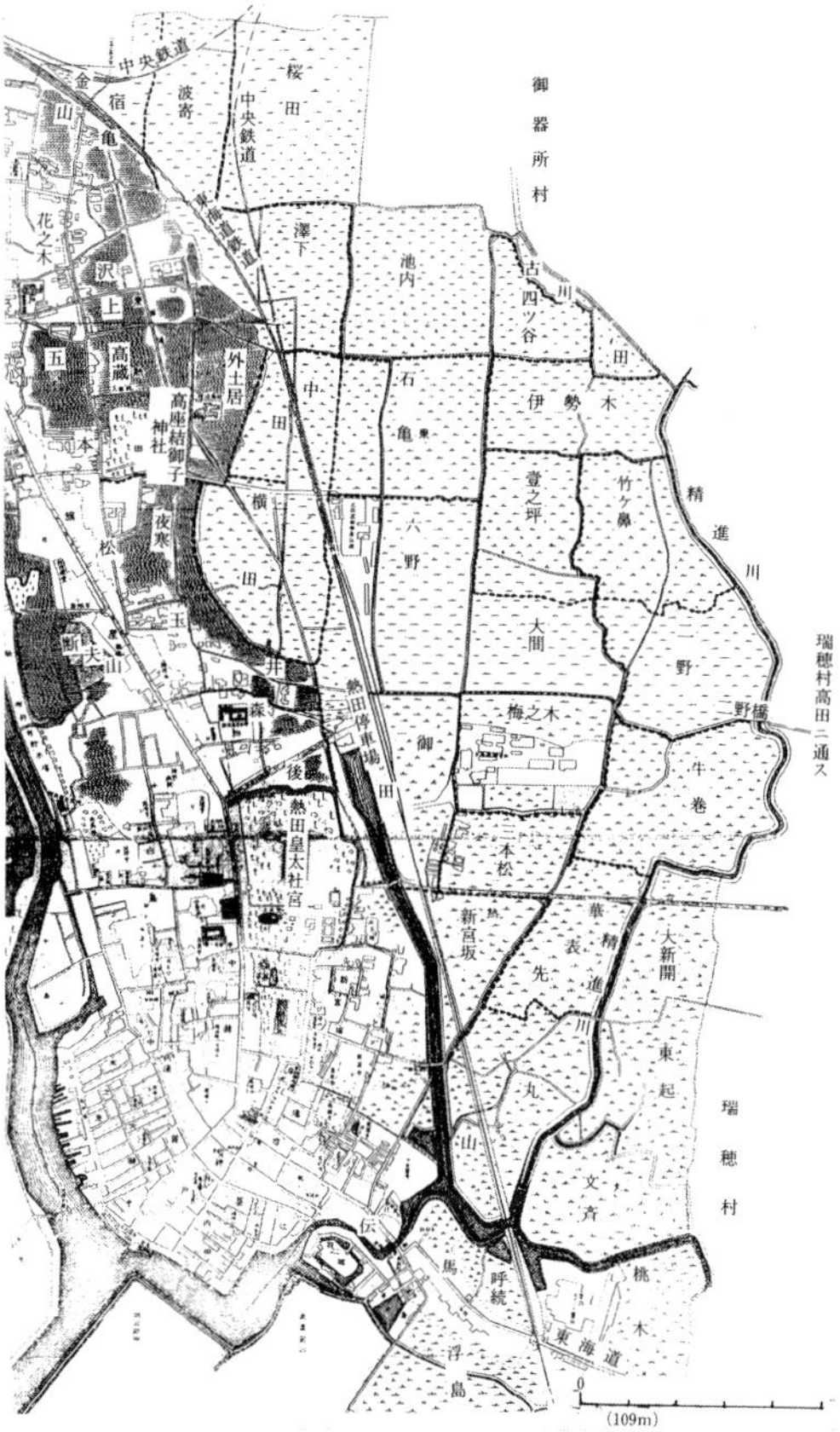

図6　熱田町図（部分）での条里跡と河川

陸地化の要因には、①海退現象と②築堤工事が考えられます。しかし、中世には大きな海退はなく、一方この下流区域では古代からの条里区画が見られることから、築堤が進んだのではないでしょうか。明治時代の地図を見ると精進川が東に大きく蛇行しているのがわかります（図6）。よく見るとその西側に河川の旧流路があり、新流路は東に押し出されているようです。当時の川は、耕地を求めて両側からの築堤合戦だったようです。したがって場所によっては架橋も可能になったと考えられます。

この問題は次節にもう少し考えたいと思いますが、端的にいえば完全に陸地化しておれば古渡からは熱田の宮を経由する道が選ばれたのではないでしょうか。難しいのはその中間の、築堤による架橋の可能性と位置です。その場合には、いくつかの選択肢ができ、さらに多くの候補ルートがあったとも考えられるのです。

参考 本節で紹介したルート

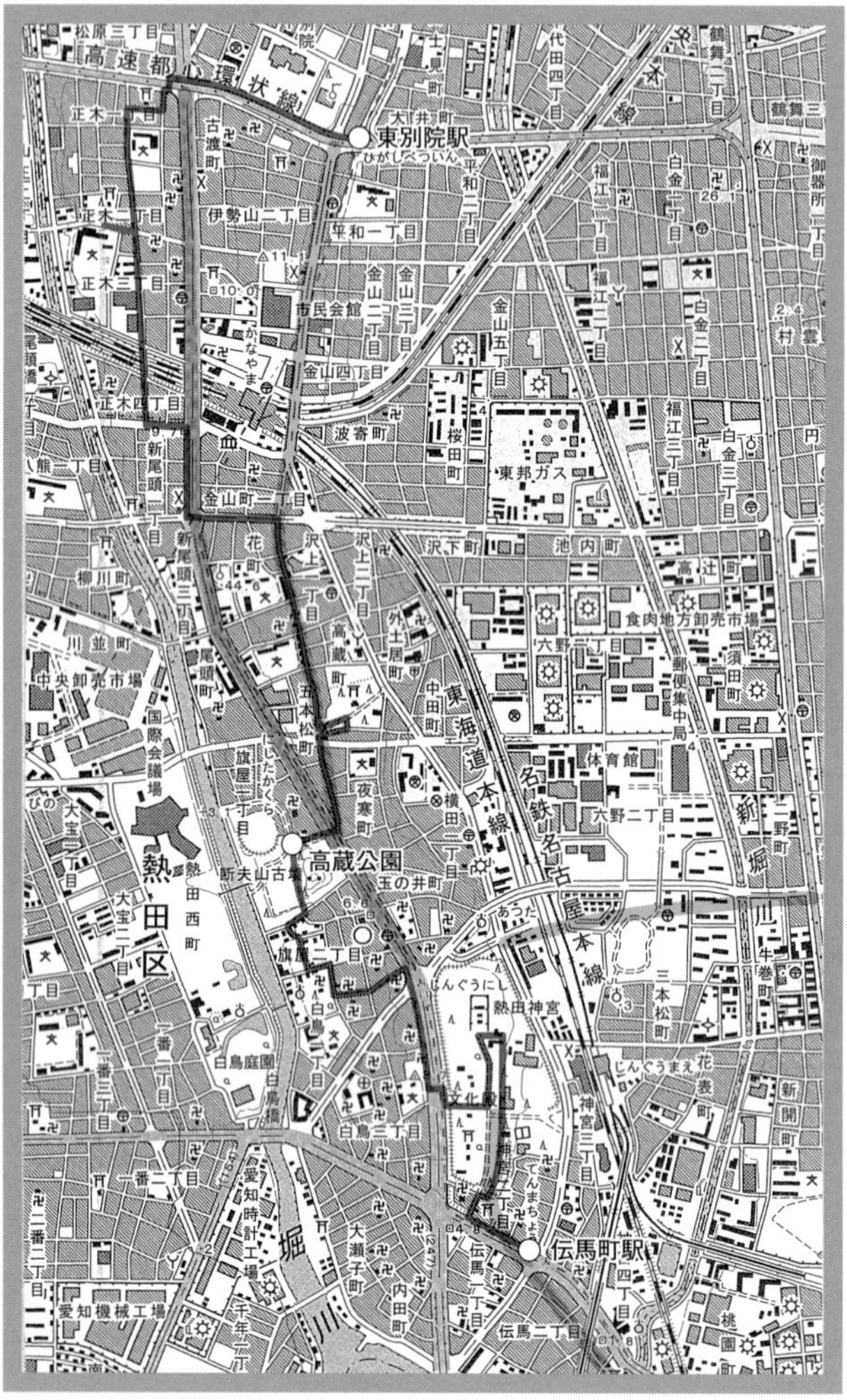

5 精進川の低地

古渡から御器所

1 古渡河を渡る大道

十四世紀の古文書に、「古渡河」という名が出ているものがあります（粟田家古文書、文献17より）。一三一三年、大宅郷の荒地一町を売却した時の文書では、その土地の四至（四方の限界）を、

東：於津開堤、南：古渡河、西：同河、北：同河、

としています。また一三三七年、古渡橋詰の三反二百四十歩の土地権利放棄の文書では、その四至を、

東：於津堤崎、南：同堤、西：古渡河、北：大道、

としました。ここには「古渡橋」「古渡河」とか、当時街道を意味した「大道」という言葉も登場します。これらから、当時は、①古

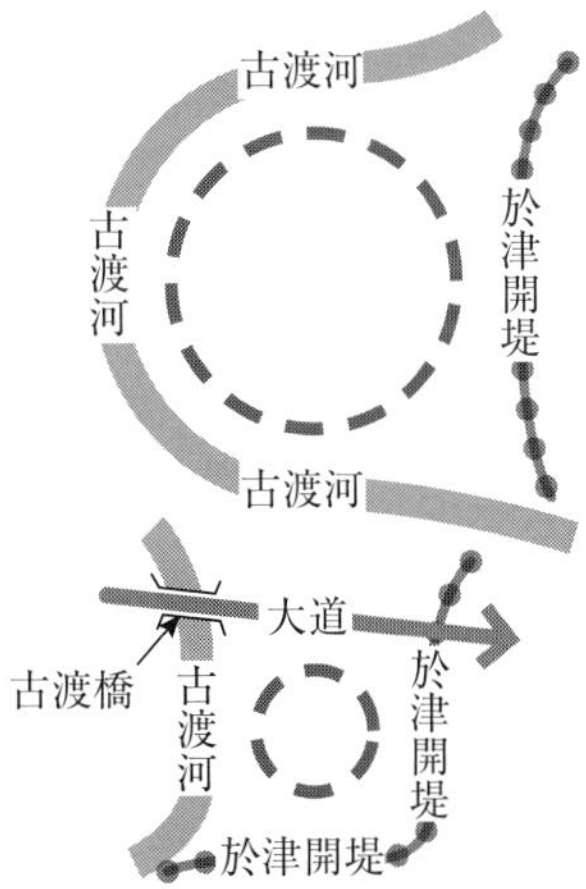

図7　中世の文献から推定できる「古渡河」と「大道」

渡河という川があって相当蛇行していた、②大道は古渡河を渡り東西に通じていた、ことなどがわかります（図7）。前節でみたように、さかんに堤がつくられていたようです。

この古渡河を熱田台地の東西どちらとみるかは決定的ではありませんが、多くの文献が、中世には海から川へと移りつつあった東側の低地とみているようです（文献17など）。本節では古渡から東へ、古くは海の入っていたという低地を通って、その先の瑞穂台地に向かう道を探ります。

2　低地の直線道路

海路か陸行か

古渡の東側の鎌倉街道には、まず、海か陸かという問題があります。この区間は、昔から海が残っていて渡しがあり船で対岸の瑞穂台地に向かったとする説が多いのです。たしかに海面が高く、あるいは堤防のない古代には、そのような状況があったかもしれません。しかし古渡の東の低地部は現在標高が四～五メートルあり、この付近では新たな土砂の堆積が進んだとも考えられません。また前節に示したように、付近の低地部には古代の条里制の跡が指摘されています。さらに前述のように「堤」ができ、「古渡河」や「古渡橋」があったということから考えても、鎌倉街道の時代には古渡の付近には、もう広い海はなく、架橋が可能な川の状態になっていたと考えられます。したがって街道は陸地化した土地を進んでいたとみることができそうです。

再び直線道路

今の東別院交差点の少し東。坂を下った所に、右に入ってすぐ左に曲がる細い道があります。東にわずかにくねりながら三百メートル弱続いており、明治時代の地図でも確認できます（図8）。その道は、3節で古代

図8　明治時代の古渡から御器所（明治24年）。◯印が直線の延長部

道路跡と想定した露橋からの直線（ほぼ山王線）を東に延ばした線上にあるとみることができるのです。線は、鎌倉街道跡とされる山王稲荷の北側を通っていることからも、この線上の道は古道と関係ありそうなことがわかります。

もちろん、これが古代からの道であることを証明するものはありません。しかし気になることは、この線が地図上ではさらに東に延びており、東西・南北に区画整理された名古屋には珍しい斜めの道が、瑞穂台地の近くまで続いているのです。そしてその一部は昔の字の境にもなっています。ここではこれ以上この問題を追う余裕はありませんが、名古屋を横断する長い直線道路には、なにか古代のロマンを感じさせてくれます。

瑞穂台地

低地を渡った東側は瑞穂台地（御器所）です。この台地上にも史跡は多く、古くから対岸にあった熱田台地と密接な関係を持っていたと考えられます。事実、七世紀後半には、ここで訪ねる極楽寺や石仏《いしぼとけ》の観音寺など（いずれも廃寺）の大寺ができる条件が整っていました。そして中世になると御器所東城、西城をはじめ、高田城、大喜城など南北に城が並ぶ戦略上の重要な地域になっているのです。

この台地の特徴は西側に豊富な地下水脈のあることです。もともと精進川の川筋は地質的には大曽根凹地といい、非常に古い時代に大河（矢田古川とされている）が流れていた跡といわれます。その後隆起しましたが川の跡の砂層が残り、地下水流ができました。熱田台地の先端、熱田神宮に水脈があるのも、この水流によると考えられます。台地の西側にも吹上とか滝子とか水のあったことを示す地名が残り、台地の先端にかけても有名な井戸があります。

路地のようにつづいている古道跡推定の道

鎌倉街道のルート

前節で考えたように古渡からの鎌倉街道は東から南まで幾筋も想定できます。本節で紹介する東に向かうルートはその最も北側のものということができます。

そのルートは、古渡を出て古代道路と想定した道路に沿ってまっすぐ低地部を通り、瑞穂台地に着いたところで南に向きを変え、台地の山裾に沿って南に向かった、と考えられます。

3　鎌倉街道をさがす⑤　…　地下鉄東別院駅から

それでは古渡から東に鎌倉街道の跡を追ってみましょう。地下鉄東別院駅の2番出口を出て幹線道路（山王線）を東に進みます。百メートルほど行くと右に入る細い道があり、すぐ左に曲がっています。これが前述の古代道路と想定した道の延長上の道になります。道はおおむねまっすぐ進んでおり、新堀川の川端通で終わります。川を渡るため右手の向田橋に迂回し、信号を渡ってＪＲ中央線のガードをくぐります。この先は都島通商店街になっており、道も今ではまっすぐに整形されています。東に進むと、次の信号の一本手前を横断する道が、明治の頃の精進川の川筋になります。この付近までは明治の地図で直線の道筋が確認できます。そのまま進み高速道路の通る幹線道路（東郊通）を渡ります。進んできた道は道路を越えてさらに東に向かっています。しかし鎌倉街道は、台地の南にある史跡等からも、その山裾で向きを南に変え、台地の裾を進んだようです。

　ここから南は平坦なまっすぐな道ですので、街道の探索から少し離れて、台地の西側の中世までの史跡を訪ねてみましょう。幹線道路の歩道を北に少し行くと天池通商店街です。この辺りから東北は地盤が少し高くなっています。地名は「島退《しまのき》」とされ、「島の木」とも書かれたようで、付近が海だったときも島になっていた土地といいます。天池通で東に曲がります。次の信号を越えて二本目の道を右に曲がるとすぐ大きな石垣が目に入ります。ここは、明治以降は尾陽神社になっていますが、古くは御器所西城で、一四四〇年頃、佐久間家勝によって築かれました。そして戦国時代三英傑に仕えた佐久間一族の拠点となった城跡です。ただし、石垣は当時のものではありません。石垣に沿って南側に回り神社の正面に出ます。城跡は台地の西北にせり

新堀川の運河。昔は「古渡河」と呼んだのか？

まっすぐな都島《つしま》通。古代道路推定線延長上の気になる道

戦国時代の御器所西城の跡。石垣は当時のモノではない

台地の西の下りにある浄元寺。この上付近に古代極楽寺があった？

台地の裾の道。この付近に街道が想定できる

出した、城郭としては絶好の立地で、右手奥には空堀跡が残ります。

南に、神社の正面を出てすぐの広い道を左に、次を右に曲がってゆるやかな坂を上ります。左手には佐久間氏が開いた御器所八幡宮の森が見えます。正面は村雲小学校です。学校からその西一帯は古代の極楽寺の跡といわれている所で、戦前、学校の建設の時には多くの古代瓦が出土しました。しかし残念ながら戦災のために、ほとんど残りませんでした。学校に突き当たって右に曲がり、坂を下ると右に浄元寺があります。寺の前は急な坂道で谷状になって西に下っています。寺は戦国時代の創建で、寺の西には長寿だったオウナの墓とされる姫塚があります。寺の正門を出て正面の階段の道を上ります。少し行き、今度は階段の道を下ります。台地の凹凸をよく表わしている所です。下った所は台地の取りつき部になり、側の民家では昔、古い木の舟が出土したようで、ここは海だった時の船着場ではないかともいわれています（文献11）。

南に一本行き、左に曲がって再び台地を上ると右側に西福寺があります。九世紀創建とされる寺で、戦国時代佐久間信盛が現在地に移したといいます。台地上の景色のいいところです。

寺の前を南に坂を下り二本目を右に曲がって台地を下ります。鎌倉街道はこの台地の裾を南に向かっていたのではないでしょうか。この道を南に行くと高田ですが、その手前の幹線道路（八熊通）の左手に市バス停（滝子通二）があります。

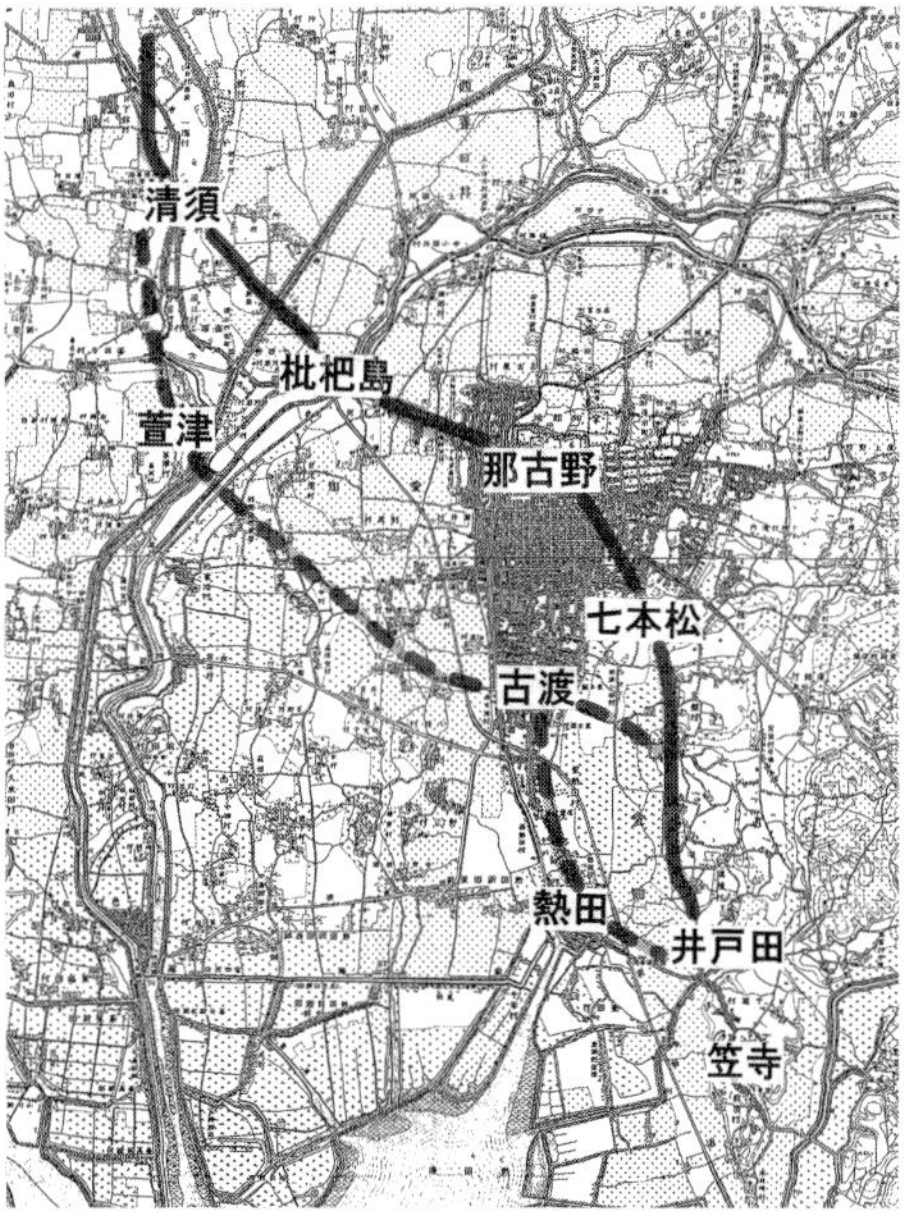

図9　鎌倉街道は清須城の拡大とともにルートが変わった？

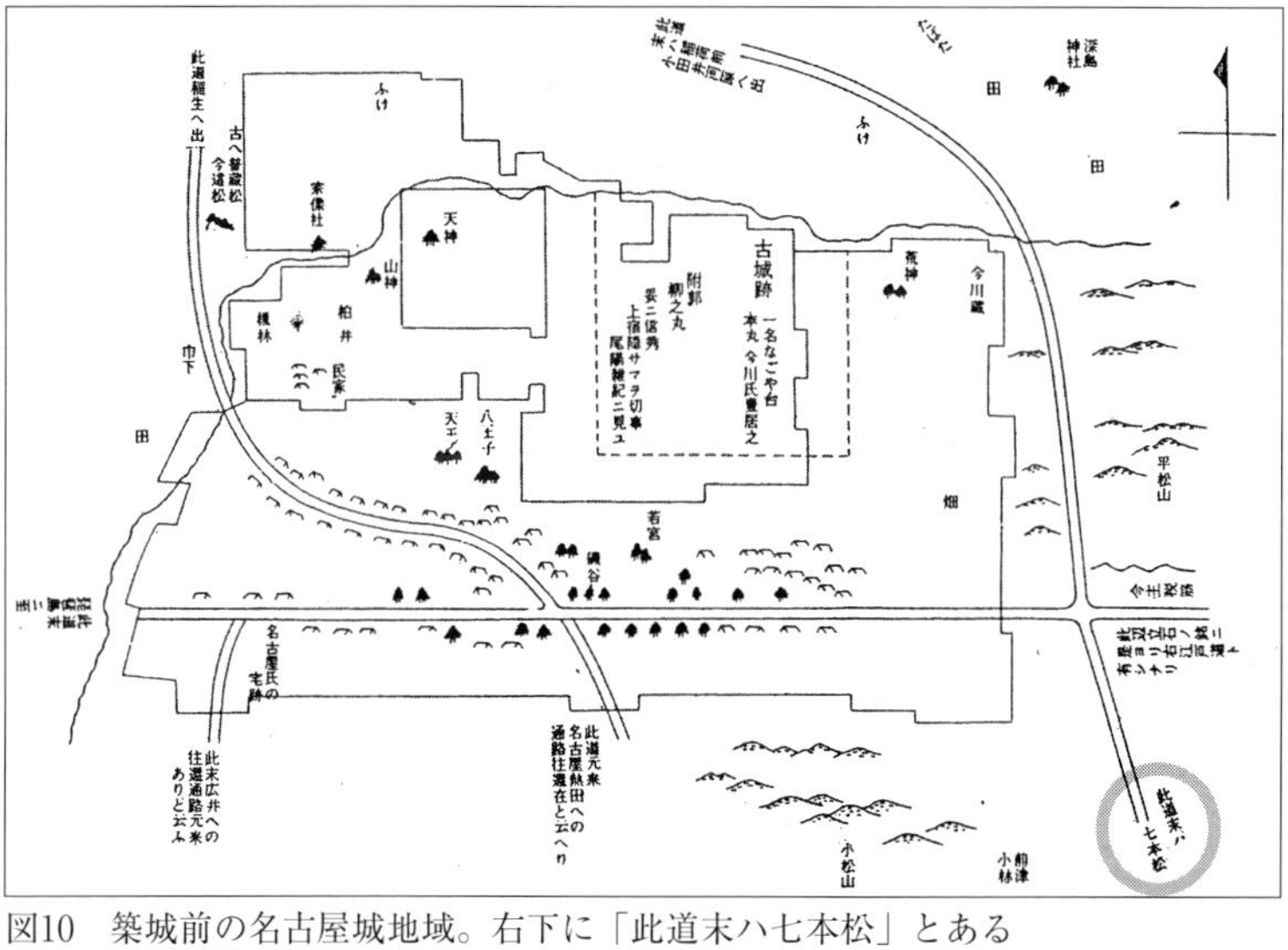

図10　築城前の名古屋城地域。右下に「此道末ハ七本松」とある（『金城温古録』から）

参考 本節で紹介したルート

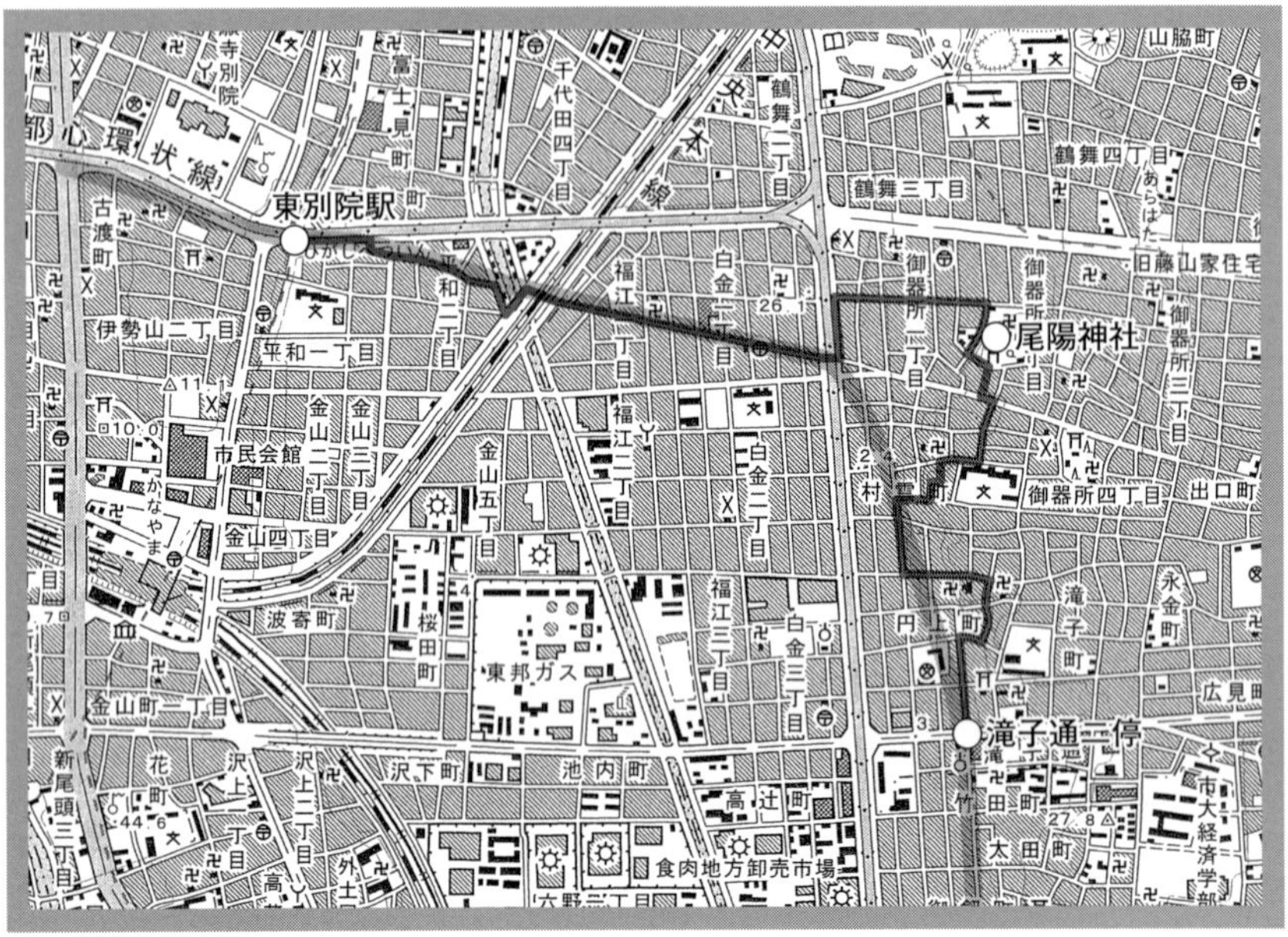

4　もう一つの鎌倉街道

これまで辿ってきた鎌倉街道は、名古屋の西北の萱津から中村、露橋、古渡と辿って瑞穂台地に着きました。しかし戦国時代末になると、もう一つのルートができたのではないかと考えられます。それは、清須城下を経由した道です。

前にも紹介しましたが、清須城ができて、織田信秀が那古野城を拠点にし、さらに古渡にも築城しました。そして十六世紀末、織田信雄のときに城下を拡げ鎌倉街道をその中にとり込みました。このため清須から名古屋台地への道が利用されるようになったと考えられます。この道を使って、清須から那古野城跡へ。そしてそこからは古渡に寄らず直接東南に向かい、七本松付近（中区）を通って本節で通った瑞穂台地の西裾の道に合流する道ができたのではないでしょうか（図9）。名古屋城築城前に描かれた古図に旧街道とあるのはそれを指しているように思えます（図10）。

6 台地の裾

御器所から井戸田

1 流罪の地、井戸田

瑞穂台地の先端は井戸田です。この地は、平安時代末に、歴史に残る二つの事件に関わることになりました。一つは一一七六年、加賀国司の藤原師高兄弟の事件で、師高が井戸田に流されたことです。『平家物語』の始めに登場するこの事件は、師高と白山社の争いが比叡山に飛び火して、後白河上皇をして、「意のままにならぬのは、白川の水と比叡山の僧」と嘆かせた事件へと発展しました。そして翌年の京都鹿ケ谷での平家打倒の陰謀につながったのです。そしてその首謀者が父の西光だったために、井戸田に流されていた師高

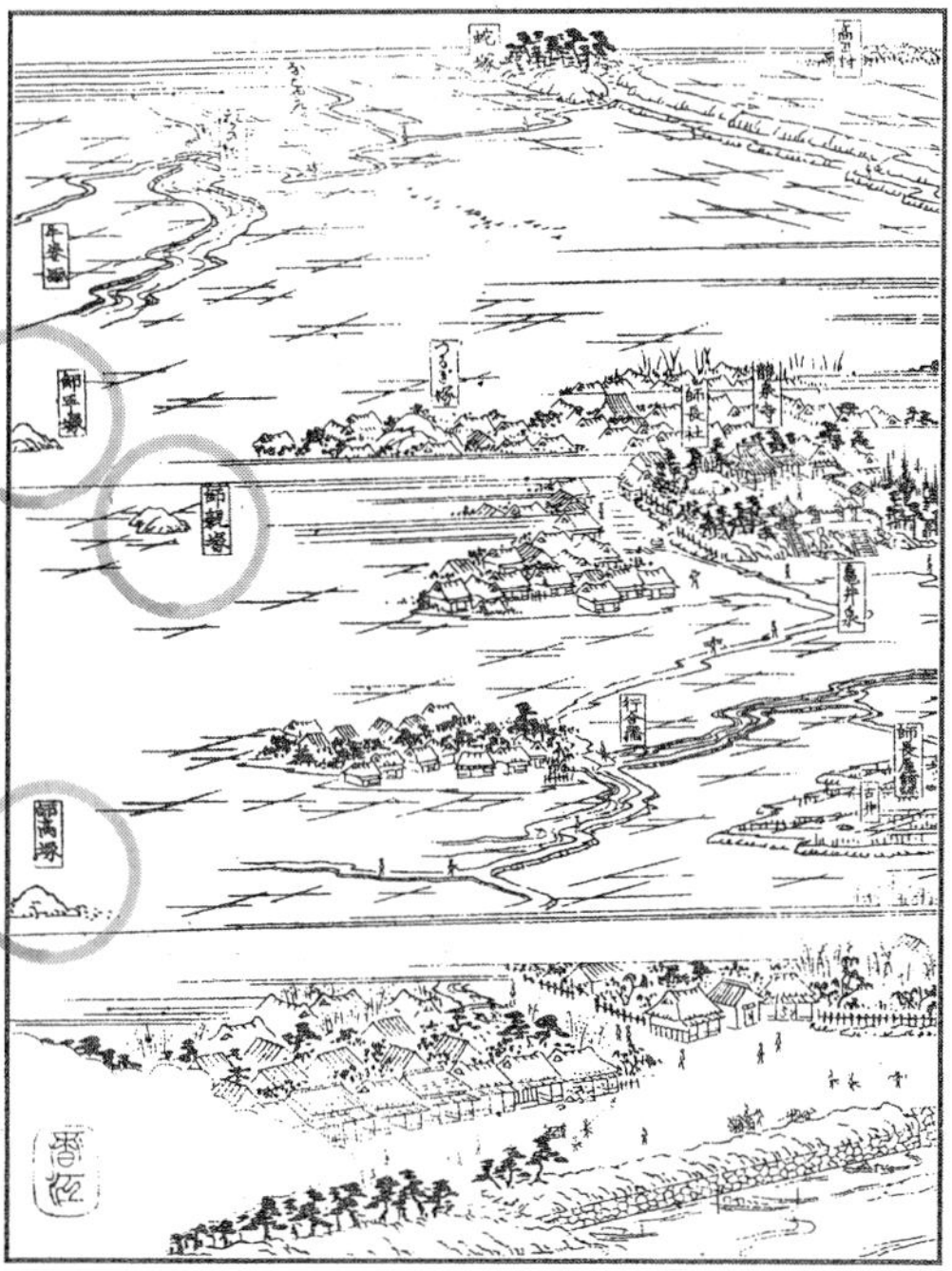

図11 『尾張名所図会』に見える「師平」「師親」「師高」三兄弟の塚

三兄弟（?）は、平家の追討を受けて討ち死したといいます。『尾張名所図会』では、師高、師親、師平兄弟の三つの塚が井戸田の西に点々と残っていたことを描いています（図11）。

いま一つはその二年後の一一七九年、これは清盛のクーデターによって、太政大臣だった藤原師長が同じ井戸田に流罪になりました。しかし師長は悠々と過ごし、『平家物語』では、

鳴海潟塩路遥かに遠見して、
常は朗月を望み、浦風に嘯き、琵琶を弾じ、和歌を詠じて…

と描かれました（図12）。配流は一年余で許されて京に戻っていますが、地元の娘との悲恋の物語が残されました（文献22）。師長は琵琶の名手で、今日では、「日本の楽聖」とも評される人物です。

中世の初めの井戸田というところは、尾張が東国の入口だったからでしょうか、都からも知られた場所だったようです。前節までで名古屋東部の瑞穂台地に取り付いた鎌倉街道の探索は、本節では、瑞穂台地の裾を通りその先端の井戸田に向かって進むことになります。

2　瑞穂台地の中世

熱田社の東

瑞穂台地は、御器所から南に高田、大喜、井戸田と続き、古くからの歴史あるところです。精進川の低地部を挟んで熱田社の東にあたるため、中間部の陸地化が進むとともに熱田社との関係が深くなりました。4節でも考えたように旅人の熱田社への訪問も、この付近から低地を渡って行われていた可能性が高いのです。そし

て十四世紀には高田がその社領に取り込まれており、また大喜の寺も熱田社の支配になっています。『尾張徇行記』では、この寺は熱田社の本地仏の大日如来を本尊とし、神官の大喜五郎丸が別当でした。彼はもともと守部姓でしたが、大喜に住んで代々大喜五郎丸を名乗ったとされています。

高田と大喜の間の精進川に牛巻ヶ淵とされた所があり、そこの伝説にも神官が登場します。放牧された牛や馬を巻き込んでしまうような大蛇を熱田社の社職の一人が退治したというものです。牛巻という地名もこの伝説によります。この付近にあったその塚は後に蛇塚と呼ばれ、江戸時代には鎌倉街道の経由地として伝えられることになりました。

図12　『尾張名所図会』に見える「師長公蟄居」の図

大喜と田光の名

その南の大喜という地名には、いろいろな語源が指摘されています。十世紀の『和名抄』の郷名にある「太毛」が「おおげ」から「だいぎ」と変化したという説。近くで発掘された古代遺跡から「大金寺」と墨書された器が見つかり、その「だいきん」から変化した説など、いずれも古い時代とのつながりを感じます。

また、大喜と井戸田の間には田光という地名がありますが、これは田光荘という大喜付近の中世の荘園の名称です。しかし田光はさらに古く、『日本書紀』に出てくる「田子之稲置」のことだともされます（文献22）。これは日本武尊が熊襲の征討に向かうにあたって、供の者を求めた中に登場する尾張田子之稲置です。

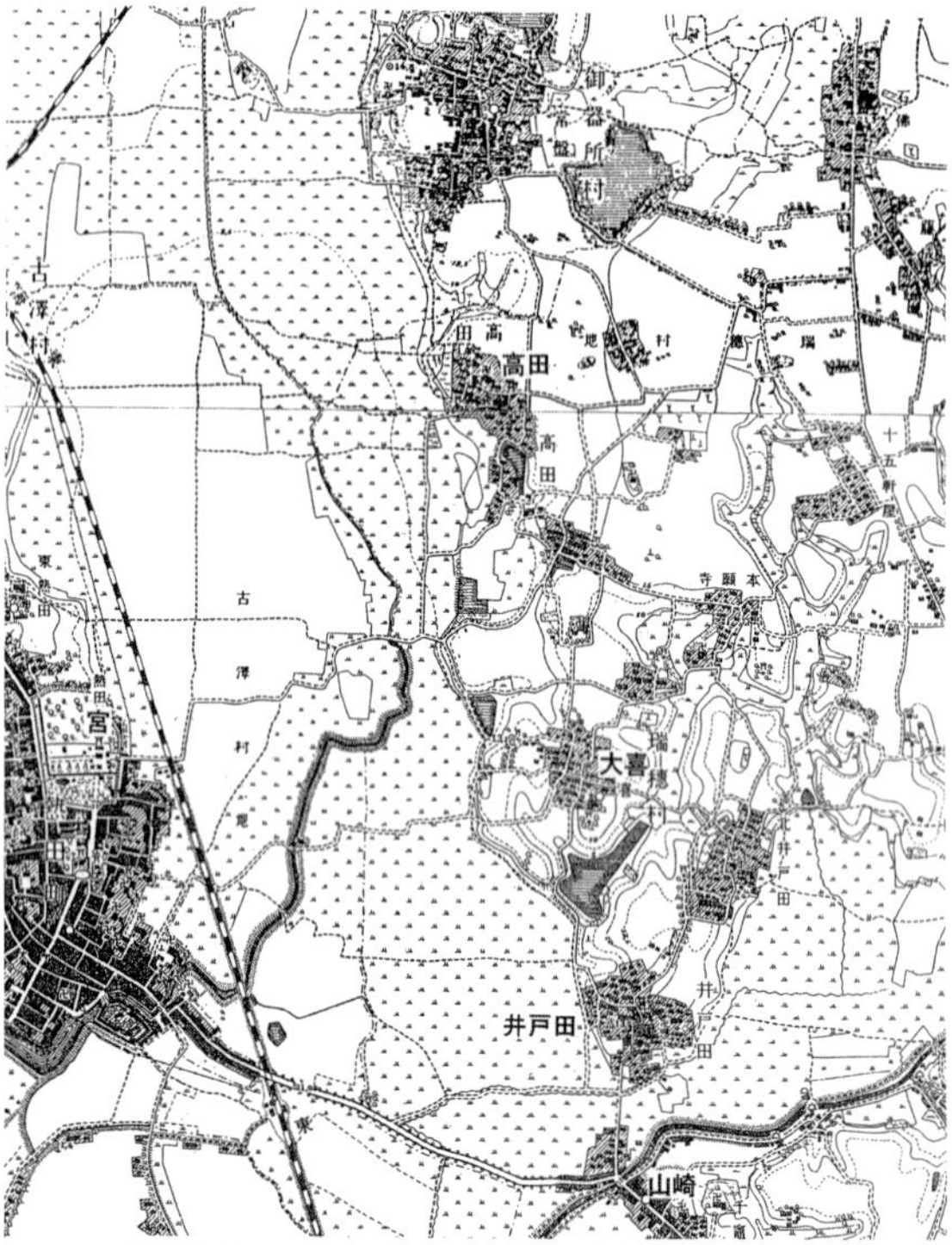

図13　明治時代の井戸田付近（明治24年）

正しければ、すでに景行天皇の時代に稲置という官位をもった人がここを拠点にしていたことになるのです。

中世末期の城跡

前節では御器所西城を紹介しましたが、台地の上にはその南にも、御器所東城、高田城、大喜城、田光城など中世の城が連なっていました。この台地が戦国時代を迎える中で、織田・今川の対立と鎌倉街道筋という戦略的な位置にあったためでしょう。そしてこの緊張は南の笠寺台地でピークになるのです。

鎌倉街道のルート

御器所から井戸田への道がどこを通ったかについては、確たるものはありません。ただ明治の地形図から読み取れるように、台地が十メートルほどの段差を上がっていたことを考えると、街道はその台地の裾を通っていたと考えるのが自然のようです（図13）。江戸時代に鎌倉街道跡とされている牛巻の蛇塚などもその裾にあります。ただ井戸田については地形に小さな凹凸があり、少し坂を上っていたのかもしれません。

鎌倉街道は、古渡からいくつかのルートが精進川の低地部を渡っています。ところがそれらの道の多くは、いったんここ井戸田付近に集まっているのです。そしてここから再び東と南にいくつかの筋が、今度は鳴海潟を渡っていくことになります。

3　鎌倉街道をさがす⑥　…　市バス滝子通二停から

それでは御器所から井戸田に鎌倉街道の面影を追ってみましょう。前節の終点だった市バス滝子通二丁目停は金山総合駅から桜山方面行きのバスで六、七分です。本節はここからスタートします。

バス停の西側の信号を南に入ります。道路は東西南北にきれいに区画が整理され、凹凸も均されているため、街道の面影は残りません。明治の地図と対照すると道のすぐ東に段差があるので、街道はほぼこの辺りの山裾の道を通ったと考えられます。

台地の裾につづく道。街道は山裾を行った

「蛇塚跡」とされる寺（左側）の前を南進する

道はまっすぐなので街道ルートから少し外れ、三本目の道を左に坂を上ります。上りきった所に盛屋寺があります。戦国時代の開創で、門前には青面金剛の石像等がまつられています。その前の細い道を南に入ると、すぐ八剣社があります。十一世紀に熱田の八劔社を勧請したとあります。ここから東は耕地整理の区域外だったためか、細い道が入り組んで残ります。社の前から東、南、東と細い道を進むと御劔小学校の前に出ます。この小学校が高田城跡とされる所です。学校の西側の道、点滅信号の一つ南の細い道を西に入るとすぐ富士八幡神社に出ます。高田城の鬼門にまつられたものが江戸時代にここに移されたようです。社を出て南に、突き当たって右に下ると三本目が歩き始めた山裾の道になります。

再び裾の道を南に進むと左側に柵に囲まれた林の一画があります。今は大悲堂とされますが、そこが牛巻ヶ淵の伝説の蛇塚跡です。昔はこのすぐ西まで精進川が張り出してきており、古くから二野橋が架かっていました。次の角を左に曲がり高田小学校の北側に行くと、石段の上に直来神社があります。ここは木曽義仲の姫が尾張源氏を頼ってか都落ちする途中、デキモノがもとで亡くなり葬られた所といわれ、オデキの神様になりま

田光神社の楠の大木。弘法大師お手植え7本の1つとされるが…

大喜寺境内の鎌倉期とされる石地蔵。元は街道沿いにあったという

した。

再び山裾の道に戻り、南に向かい幹線道路の信号を渡ります。この辺りからの山裾は少し東に振れており、街道も東にカーブしていたようです。南に二本行き左に台地を上ると田光神社があります。古い神社とされ、本殿横に立つ径三メートルの楠の巨木は弘法大師お手植えと伝わります。神社の前の道を東に進むと三本目が明治時代につくられた郡道です。左手には大喜城跡の緑が望めます。この辺りが大喜の中心です。通りを越えて二本目に右に入る細い道があり、少し上ると大喜寺があります。この寺は大喜の古寺の本尊を引き継いでいて、その大日如来は熱田社の本地仏とされ、秘仏になっています。寺の境内には、西北の鎌倉街道筋（田光神社付近）にあったという石地蔵があります。鎌倉初期の、市内で最古とされる石仏です。南門を出て細い道を西に下ると郡道に戻ります。街道はこの付近を斜めに通っていたのでしょうか。

津賀田神社。この南の参道を鎌倉街道（上の道）が横切っていたとも

井戸田の龍泉寺。ここにも頼朝産湯の井とされる「亀井水」がある

郡道を左に進みます。信号を越えた少し南の福祉施設付近に田光城があったといい、その東には戦前まで田光（蛸）池があり堤の道が残ります。街道は城跡の下の辺りを通っていたと考えられます。

南に進み、二つ目の信号から東南が井戸田の集落です。信号のすぐ次の道を左に入ります。二本目の南に入る道が西北からの古い道のようです。谷間の道を進むと東にカーブして三差路で突き当たります。この付近が井戸田の中心部でしょうか。左の道を行くと五百メートルほど先に津賀田神社があります。この神社は式内社で、頼朝の産土神として出生伝説に関わります。鎌倉街道はこの参道の鞍部を通っていたという説もあるのです。

さて三差路の所に戻り、すぐ北の細い道を東に進みます。坂があり曲がっていますが、上った所が、昔から鎌倉街道の跡とされる小道です。左側の宅地内には姫塚といわれる古塚と石塔が残ります。昔はこの道は三差路からまっすぐ東に通っていたのかもしれません。すぐ突き当たりますが右に並行した道があり、東に下っていたのでしょうか。南へのルートをみるため西に向かって坂を下ると長福寺の前に出ます。位置的には三差路のすぐ東南になります。

寺の正面を南に下ると龍泉寺です。入口には頼朝出生の産湯に使ったという伝説のある亀井水の跡がありまます。この付近が古い時代の船着場といわれていることを考えると、先ほどの北、東、南の三差路付近が分岐点になっていて、ここは南への道だったかもしれません。南に進み、幹線道路（東海橋線）を渡ると、西側に師長の法名の「妙音院」の名を取った地下鉄妙音通駅の入口があります。

4　二野橋を駆けた人

中世末の精進川の低地を、決死の覚悟で駆け抜けた人がいました。桶狭間の戦いに向かう織田信長です。『信長公記』では、熱田社に参った後、南方の砦に昇る煙を見て、

…　浜手より御出候へば程近く候へども、塩満ちさし入り、御馬の通ひ是れなく、熱田よりかみ（上）道を、もみにもんで懸けさせられ　…

と、鳴海の手前の丹下砦に向かっています。後の分析では信長の通ったルートは、二野橋に迂回し大喜、井戸田を経由する道で、鎌倉街道上ノ道を野並方向に向かったとされています。（上ノ道については次節で紹介します。）

　中世末の戦国の世でも二野橋から下流は潮が入り、馬で通ることもできない時があったのでしょう。こんなことからも、鎌倉街道は大喜、井戸田を通っていたという説が裏づけられることがわかります。

参考　本節で紹介したルート

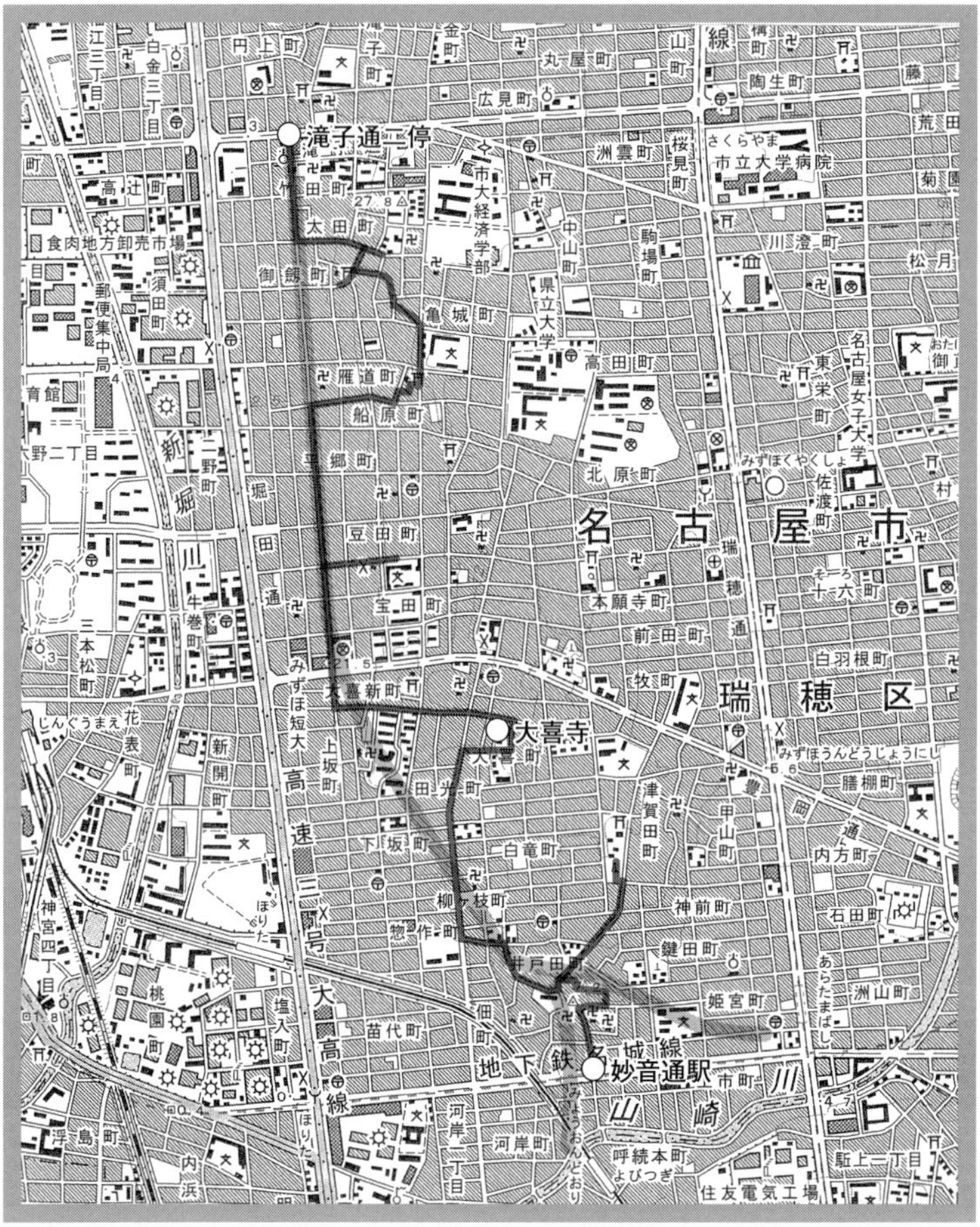

三章

潟を渡る

——上《かみ》、中《なか》、下《しも》、三本の道——

瑞穂台地や笠寺台地から東に向かうには、今の天白川が流れている低地帯を越える必要がありました。当時、この低地帯には海水が入っていたようで、「鳴海潟」と呼ばれていました。この潟を渡るときに、潮が満ちてくるといけないからと急ぎ走ったり、潮が満ちていて数時間待った、などという古代から中世にかけての紀行文が残されています。旅人にとっては行程を左右される問題の場所だったようです。

そこを通過する道筋はいくつかあったようで、今では一応、上、中、下の三つのルートに整理されています。しかしながらこれらのルートも決まっているわけではなく、どれが本当の鎌倉街道だったのかは難しいところです。一つに絞れるのか、何本もが並列していたのか、あるいは時代によって変わっていったのか、今のところ決め手はありません。

本章では、このように難関の鳴海潟を越えるルートを、上、中、下の三つに分けて紹介したいと思います。

7 広い河原

上ノ道：井戸田から野並

1 潟を渡る街道

天白川は、前章で紹介した精進川より後の時代まで海が入り込んでいたようです。そこは鳴海浦とか鳴海潟と呼ばれたようで、当時、街道の難所とされたところでした。

ここは古代から中世にかけて、多くの紀行文に登場します。有名なのは、十一世紀、菅原孝標の娘が書いた『更級日記』です。昔を回想して書いた関東から京にのぼる旅日記の中では、

尾張の国、鳴海の浦を過ぐるに、夕汐ただ満ちに満ちて、
今宵宿らむも、中間に汐満ち来なば、ここをも過ぎじと、
あるかぎり走りまどひ過ぎぬ　…

と、潮の状況を見ながら急いで渡ったことが記されています。

鳴海潟は中世には有名な歌枕にもなっており、残されただけでも百首を越えるといわれます。その中で、街道の情景を歌っているものとして、次のような歌があります（文献25）。

なるみ潟　汐干に浦やなりぬらむ
　上野の道を行人もなし　　藤原景綱

なるみ潟　汐満ち時になりぬれば
　野並の里に人つとふなり　　藤原景綱

なるみ潟　汐の満ち干のたびごとに
　道ふみかふる浦の旅人　　宗良親王

これらの歌では、右の歌からは、潮が引いたので上野の迂回路は通らないとしています。また中の歌からは、潮が満ちてきたので旅人は野並に向かっていると。そして左の歌からは、潮の干満によって、選ばれる街道ルートが変わっていたと読むことができます。これらが詠われた時代は鎌倉時代の中頃から南北朝の時代になりますが、潮の状況によって道を選びつつ渡っていたことがわかります。本節でたどる上ノ道は、これらの中でもっとも上流部を渡る道になります。地元では「上野の道」ともされる道です。

2　鳴海潟

鳴海潟とは

鳴海潟は今日の天白川河口部の前身だといえます。事実、この付近の天白川の両岸には多くの貝塚が発見されており、海が侵入していたことがわかります（図1）。しかしその理由となると、海面が高かったためか、まだ堆積が進んでいなかったためか、あるいは築堤がなかったためかは定かではありません。問題はどの辺り

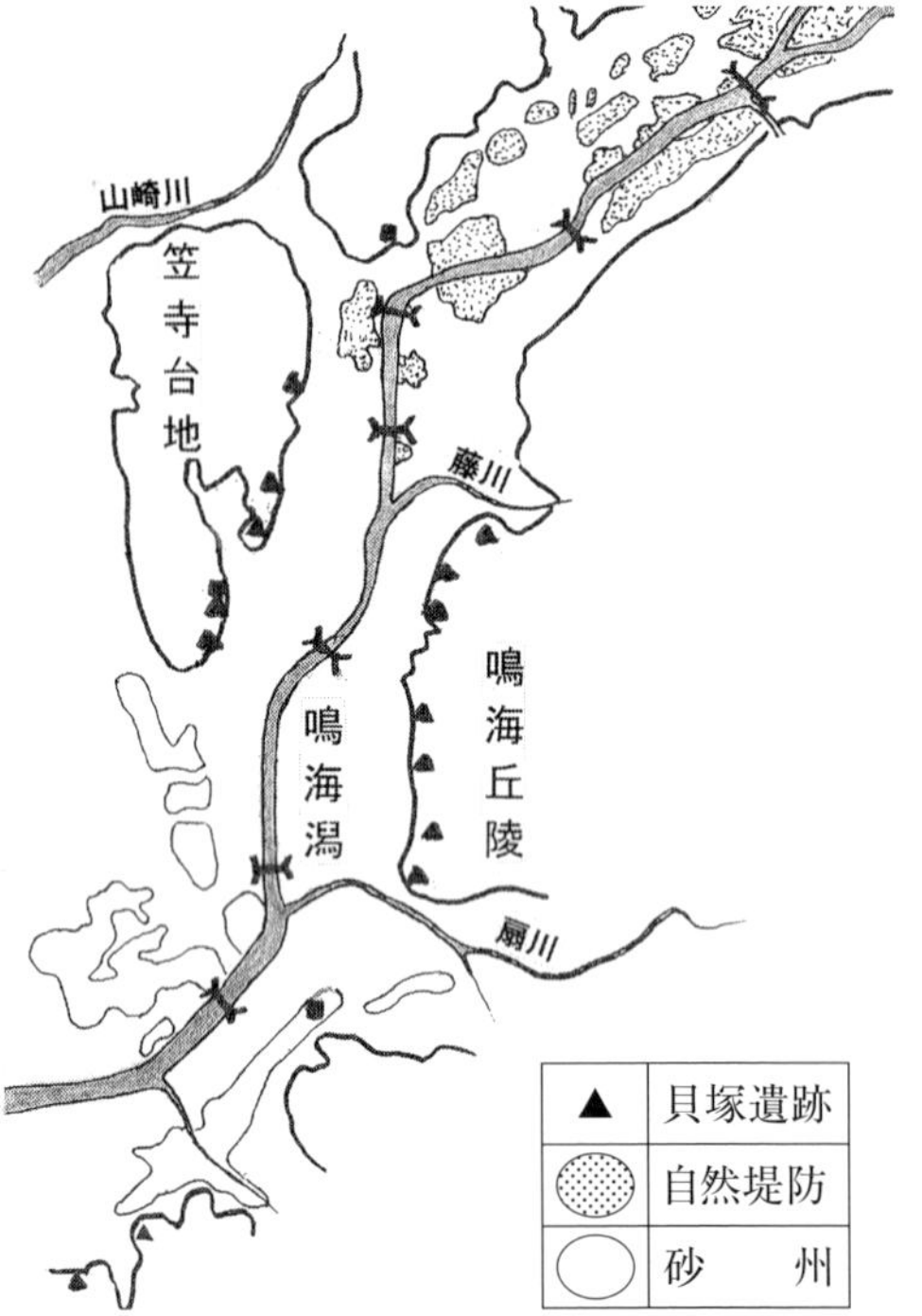

図1　鳴海潟の存在位置を示す貝塚の分布（文献49に加筆）

まで潮汐があったかですが、これが鎌倉街道のルート問題に決定的なことになります。いずれにしても、後に残された字の名や形状からみるとその後にできた川も相当蛇行していたようで、当時は広い干潟か氾濫原があったと考えられます。

紀行文と潮汐推算

当時の潮の満ち干は今日でも遡って計算することができます。このため、この潮汐推算という方法で、当時の紀行文の妥当性をチェックすることができるのです（文献12）。

たとえば『東関紀行』では、一二四二年九月二十日に「熱田から浜の道に入ると…塩干で…暗い内（早朝…当時は遅くとも午前四時頃には出発した）に二村山にさしかかった」とあります。これを当日の潮汐推算でみると、満潮は朝七時だったことから、潮が満ちる前に潟を通過することができたと説明できます（図2-上）。

また、飛鳥井雅有の『春の深山路』では、一二八〇年十二月十一日、早朝萱津を出て鳴海潟を越えるのに、「潮が引くまでの間、相当の酒を飲みながら待って、引きつつある潮を渡った」という記述あります。この日は、午前九時満潮と推算できます。手前の熱田には七時頃には着いたはずですが、「潮が満ちており数時間待って引き潮の中を渡った」という記述で説明されます（図2-下）。この紀行では、干潟の長さは五十町くらいだったとしており、熱田から鳴海の間をいったのでしょうか。いずれにしても当時は、鳴海潟には潮が入った干潟で、街道を進むには相当の待機を強いられる時間があったことがわかります。

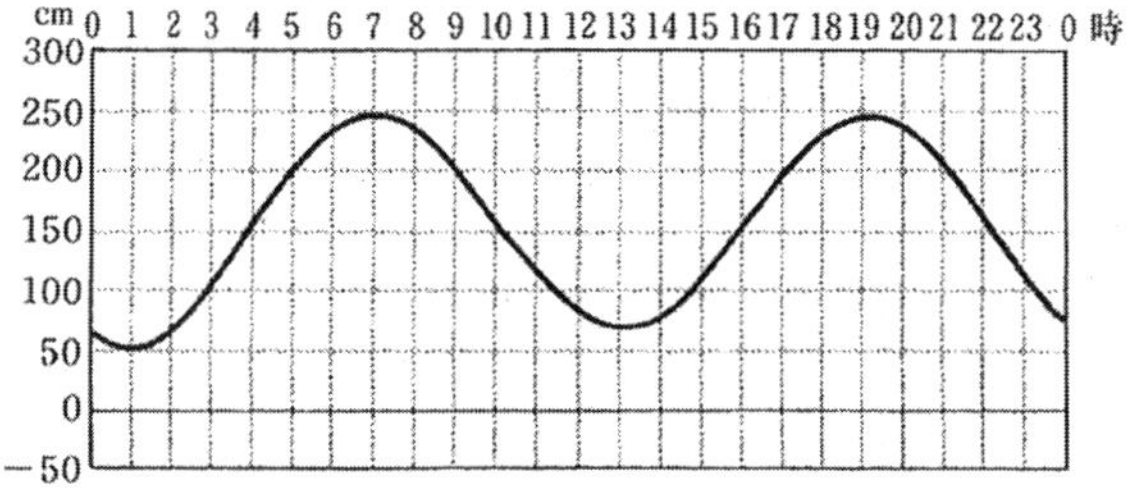

名古屋港、1242年9月20日の潮位

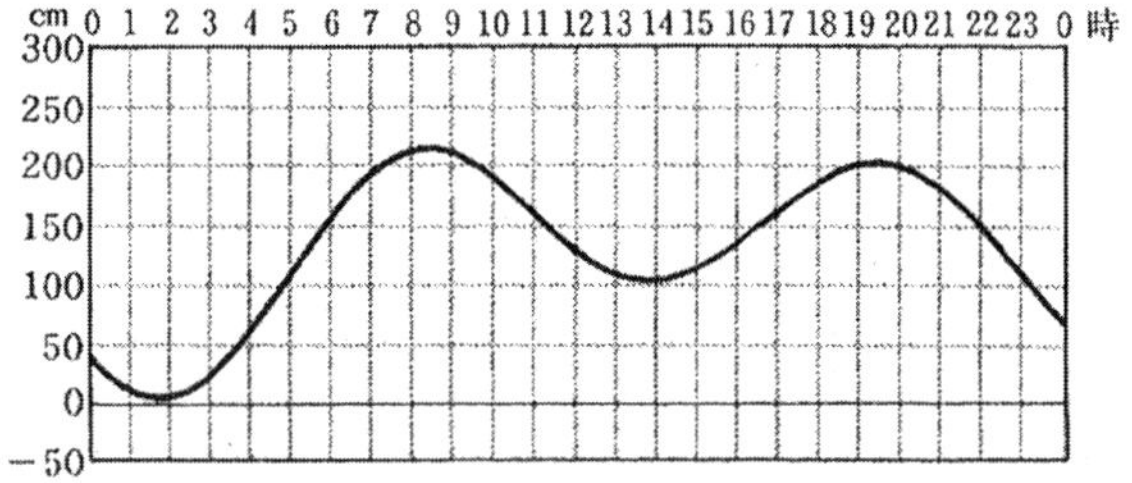

名古屋港、1280年12月11日の潮位

図2　中世紀行文の通過時点の名古屋港の潮汐推算（文献12）

上野の道と目標の松

この辺りの鎌倉街道は、上野街道とか上野の道と呼ばれることがあります。この上野は、潟の対岸の野並に「字・上野」という地名があったためとも、潟の手前の井戸田に古くは「字・上野道」という地名があったからだともいわれます。しかしこの呼び方は上ノ道のルートを指すことが多いため、単に上方、上流という意味で「うえ」や「かみ」の道と理解されていたのかもしれません。また、前に紹介した和歌に出ていたように、中ノ道を通るつもりが上ノ道に迂回したということもあったでしょう。潮の状況と通過ルートは、自在になっていたのでしょうか。

目的地となる野並には街道の名残りとされる聖松、並松という二つの松がありました。

聖松は街道の目印になったという、野並の山の上にあった二本の松です。広い河原を行く時の目印でしょうか。大きな松の一本が昭和十年頃まで残っていて、都心のデパートの屋上からもよく見えたといいます。また、並松は野並の里にあった一本松です。土壇があり、街道の松並木の原型ではないかといわれます。これも昭和十九年頃には枯れて、その跡も区画整理でな

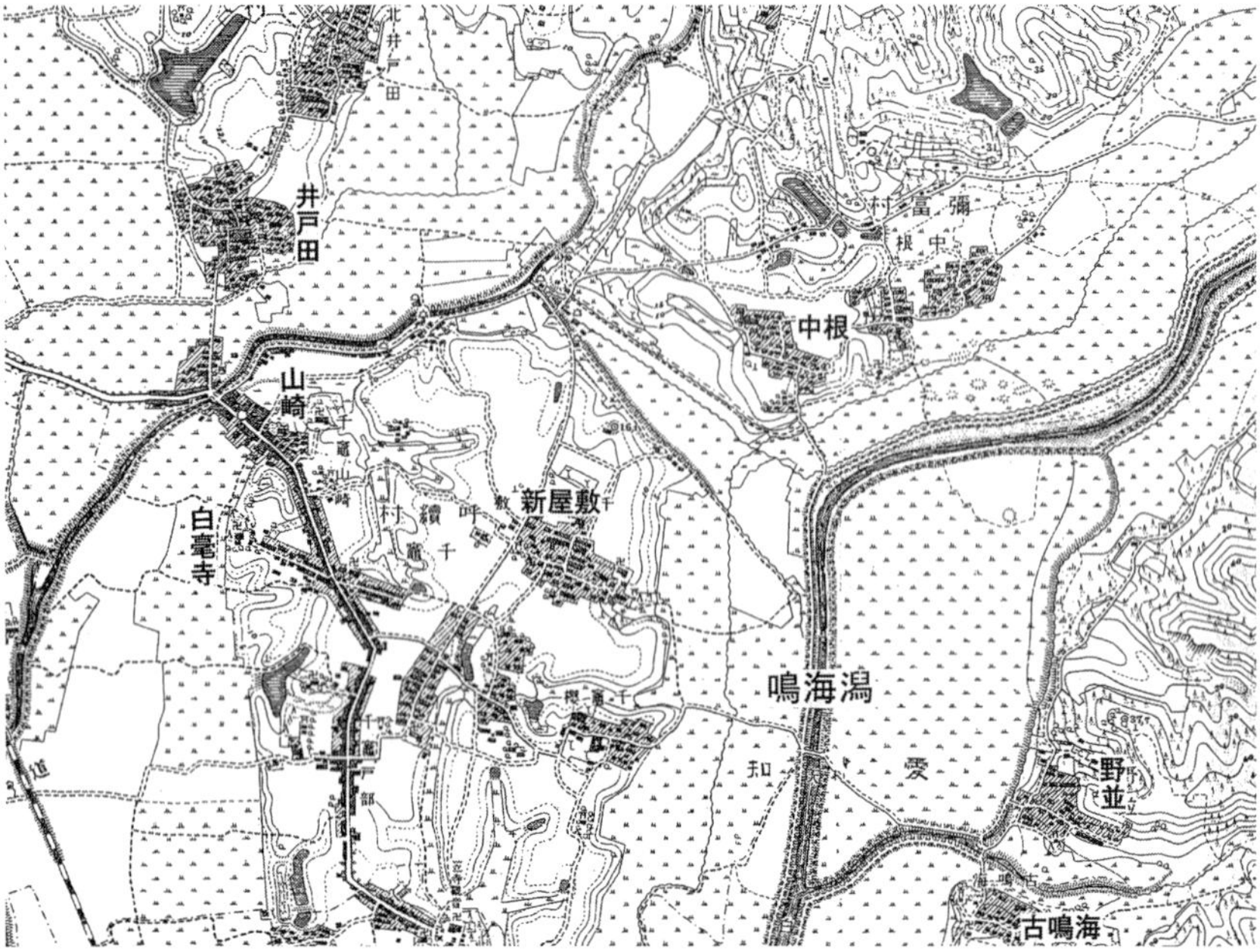

図3　明治時代の「上ノ道」のルート付近。街道は、中根と新屋敷の間の谷間を通った

くなってしまいました。

「上ノ道」のルート

江戸時代の文献から、井戸田から野並方面への経過点をみると、『尾張徇行記』の山崎村の条には、「新屋敷クツカケ場へカカリ」と「中根村へコエ夜寒里ニカカリ」とが出ています。このルートの中間には、西側の笠寺台地と東側の八事丘陵の間に小さな谷間があり、出てくる地名から、前者はその笠寺台地側、後者は八事丘陵側を指していると考えることができそうです。この谷間は二〜三百メートルほどの幅で、台地の高さも十メートルほどですが、特別の理由がなければ台地には上らず、道はその裾を抜けたのではないでしょうか。したがって、ルートとしてはその間を挟んで、西の新屋敷の下を通るものと、東の中根の下を通るものがあったのかもしれません。それとも、一本のものを二通りに表現したのでしょうか。

このルートには、「めぐり三里」ともいわれ、さらに上流の島田近くまで迂回するルートもあったとされています。しかし、島田橋付近は現在の標高では十メートル以上あり、その後いかに堆積があったとしても、果たしてそこまでの迂回が必要だったのかは疑問になります。ここでは、上ノ道は、島田まで回るのは例外のことで、井戸田から野並へとほぼ直進したと考えておきたいと思います（図3）。

3　鎌倉街道をさがす⑦……地下鉄妙音通駅から

それでは井戸田から野並のルートを追って現地を歩いてみます。井戸田からは東に向かい、台地の間の谷間を進むことにします。

　地下鉄妙音通駅の2番出口を出て、すぐの道を右に曲がると、右側に嶋川稲荷があります。その中を覗くと、「藤原師長蟄居址」という石碑が立っています。この付近に流された太政大臣・藤原師長の屋敷があり、井戸の跡が残っていたとされます。

　そのまま進むと山崎川に出ます。左に川に沿って歩き、次の師長橋を渡って対岸を進みます。右に青峰観音をまつる社のある所で社の中を通って一本南側の道に抜けます。左、右と曲がり、

藤原師長の蟄居跡の碑のある嶋川稲荷

台地の谷間に残る排水路。ここで塩付街道と交差する

江戸時代、天白川を切り替えた水路跡。今は緑道に

「中根銅鐸発見地」の立札。後ろは宝積寺

突き当たって左に、幹線道路（環状線）の信号を渡ります。

そのまま東に進むと小さな水路橋に出ます。この辺りから先の右手が八事丘陵と笠寺台地の間の谷間です。橋は塩付橋と名づけられており、南の星崎付近で採れた塩を信州につないだ塩付街道が通っていました。その少し向こうに、江戸時代、一時天白川を山崎川に切り替えていた川の跡があります。その時は、少し下の落合橋の所で山崎川に合流させていました。この無謀とも思える切り替えは、洪水が多発したため十余年で元に戻されています。ここでは塩付橋を渡らずに右に曲がります。次の角から先は通れないので迂回して、その先に出て水路に沿って東南に進みます。この辺りが、西側の笠寺台地新屋敷側のルートでしょうか。地名は今では平子ですが、古い字は「夜寒」だったといい、街道の通過点とされる所でもあります。

東側の八事丘陵の中根側の道を見るため、次の信号を過ぎて一本目の道を左に曲がります。道の突き当たりが坂になっています。その手前が先に述べた天白川を切り替えた跡で、一部が緑道になっています。この辺りが東側の八事丘陵中根側のルートでしょうか。

ここから少し街道跡を離れて、中根の台地上にある史跡を訪ねてみましょう。東に、二百メートルほど坂を上りきったところで右に曲がります。少し行くと下りになり、寺が見えてきます。寺の手前に公民館があり、その入口に「中根銅鐸発見地」の標識が立っています。有名な国の重要文化財の中根銅鐸は明治の初め、この少し西で掘り出されました。残念ながら、変遷を経て今は兵庫県西宮市の資料館にあります。その向こう側が宝蔵寺です。寺は西八幡神社と一体になっていて、これから訪ねる南側に展望が開けており、天白川が望めます。神社の正面の階段を下ります。下りた所の道の東側には、少し先に観音寺があります。そこから東北にかけて戦国時代には中根城がありました。城は、北、中、南と三つに分かれ、南城は天白川を外堀にした城で、信長の弟の信照の築城とされます。街道を押さえる拠点だったのでしょう。ここでは城には寄らずに神社の下からすぐ西の道を南に下ります。まっすぐ行くと天白川の堤防で、右に坂を上れば平子橋です。

ゆったり流れる天白川の川筋は、当時は相当蛇行していたようで、今の形になったのは江戸時代に築堤されてからだといいます。橋の上からは、後ろには笠寺台地と中根の台地の間の谷間が、向かい側には行く先の野並と背後の緑が見えます。当時

平子橋付近の、ゆったりと流れる天白川。鳴海潟の上流部にあたる

野並の山の上にある熱田神宮大宮司だった千秋家の墓地

は川には堤防はなく、この間、ざっと一キロ強の広い河原がありました。蛇行した川を渡って、目標となった聖松を目指して進んだのでしょうか。

その道筋に近づくため、坂を下ったところで右に曲がり、野並公園の手前を左に曲がります。昔の河原には今はびっしり家が並んでいますが、水平な地形が河原の昔を物語っています。いくつかの通りを越えてまっすぐ進むと少し上りになって水路にぶつかります。この水路は形状が整形されていますが天白川の古川とされ、今では郷下川と呼ばれます。右に行って橋を渡り東に進むと幹線道路です。この付近から右手に野並の集落がありました。右折して、すっかり消えてしまった街道跡を追って幹線道路を下れば、五百メートルほどで地下鉄の野並駅です。

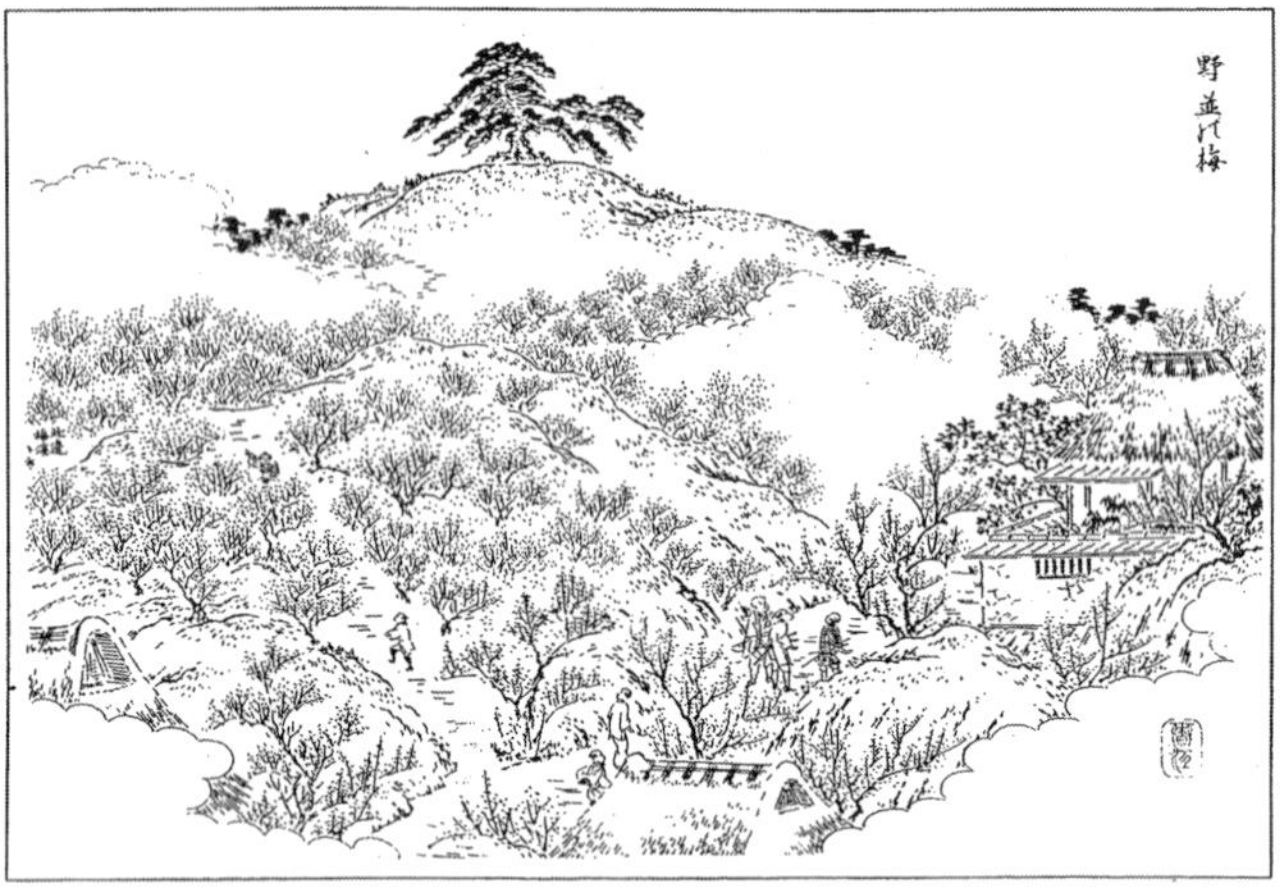

図4　『尾張名所図会』に見える野並の山の上の「聖松」

4　目印だった聖松は？

このルートを歩いてみると、当時の広い河原を歩くには、目標になるものが必要に思えてきます。東に向かう時、その役割を担ったのが山上にあった聖松のようです。少し寄り道をしてその聖松の跡を探してみましょう。

先ほどの幹線道路を駅の方に右折せず、そのまままっすぐ東に坂道を上ります。しばらく上ると梅野公園に出ます。聖松は梅林の上にあったと『尾張名所図会』は描いています（図4）。公園の上は墓地になっています。

参考　本節で紹介したルート

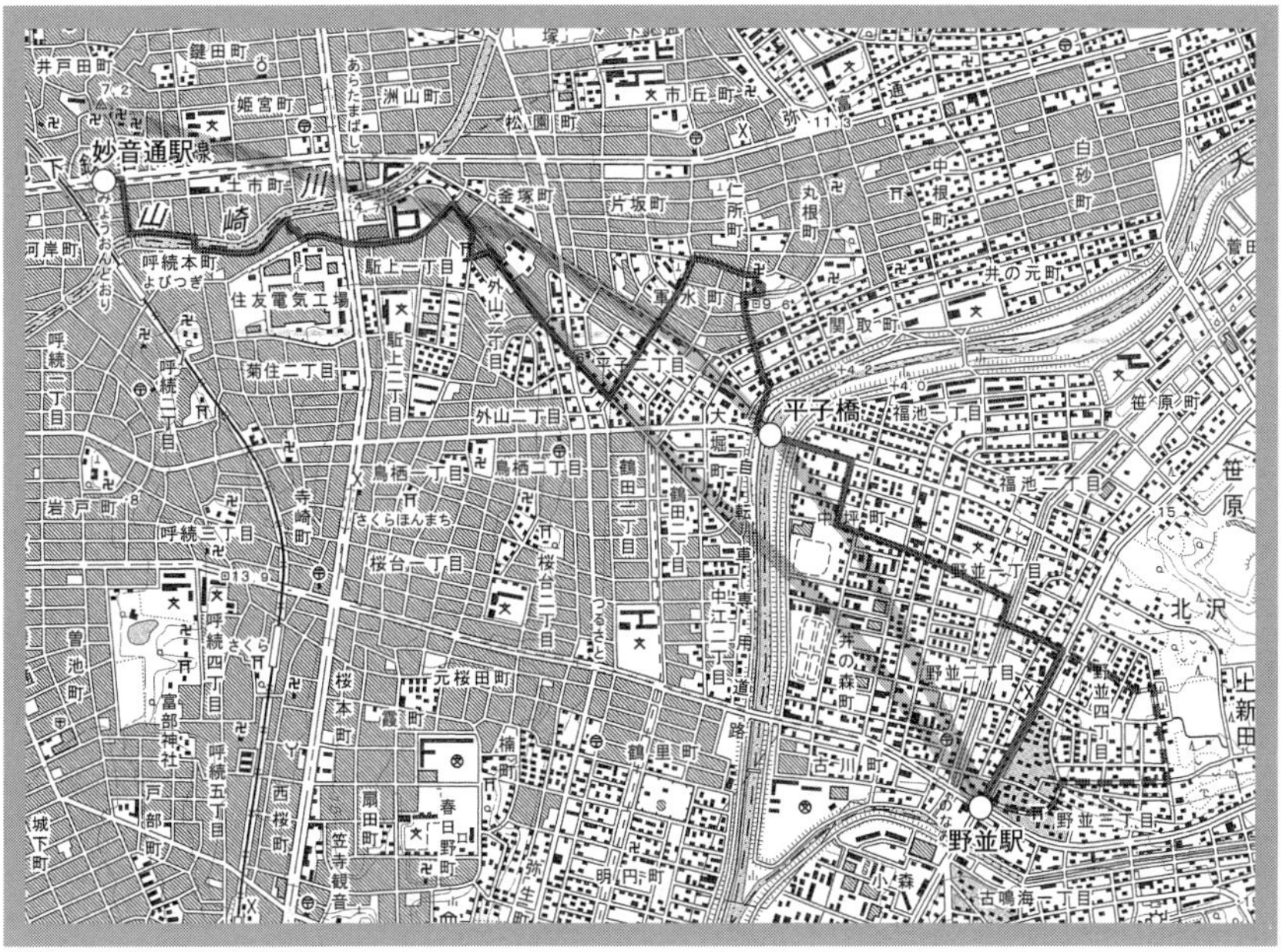

高台を求めて右に行くと、上の段に熱田神宮大宮司だった千秋家の墓地がありました。中に入ると二十本ほどの墓標が規則正しく並んでいます。昔は墓標も許されずに松を植えた……ということを思い出し、ハッとしました。「聖」松だ……と思い周りを見回すと、墓地の横の土壇から放射状に松の根がいくつも飛び出して大きな松の木の痕跡を示しています。

ここに聖松があった!

……と。しかしそれは早とちりだったようです。大きな松はあったかもしれませんが、千秋家が野並の領主になったのは戦国時代の末のことでした。中世の街道の目印だった聖松ではありえません。四百年以上昔の街道さがしの難しさ。かみしめながらその南の角を曲がって野並駅へと下ることになりました。(地元では、聖松の位置は、南に進み、坂を下る途中にあったといわれています。)

8 笠寺台地

中ノ道：呼続から天白川

1 松巨嶋

笠寺台地は、古くは「あゆち潟」と呼ばれた入江に突き出した半島のようになっていました。東、南、西と海や潟で囲まれたこの台地には、先史時代、名古屋では最も古いものの一つとされる縄文時代の遺跡が見つかっています。

また江戸時代には、この台地は「松巨嶋」とも呼ばれていたようです。確かに周囲から十メートルほど高くなっています。熱田方面から見ると松の多い島のように見えたのでしょうか。この節では、このような歴史ある笠寺台地の中央部を抜けていく鎌倉街道「中ノ道」の跡を追ってみたいと思います。

2 街道の痕跡

街道跡を示す遺跡

笠寺台地の西と東には鎌倉街道の跡と伝えられる史跡があります。西側は白毫寺の一帯で、台地の西北の角にあり、熱田や井戸田からの街道の入口にあたりました。寺は一五七一年の創建ですが、それ以前からの景勝地で、源頼朝が上洛の折にここで休んだことから桟敷山とも呼ばれ、伊勢湾台風まで頼朝旗掛けの松が残っていたといいます。

東側は村上社の楠の大樹です。当時から鳴海潟を通過する時の目印になったという楠です。今では樹齢千年を越すといわれ、幹周りが九メートルという巨大樹です。市の天然記念物というのがよくわかります。中世でも相当立派な木だったのでしょう。そして街道通行の目印になっていたようです。

中世からの城跡

笠寺台地には多くの中世の城がありました。その数は十を越えます（図5）。有名なのは南端にあった星崎城や北端にあった山崎城ですが、中ノ道が通る中央部にも多くの城が築かれていました。この台地は、戦国時代、織田、今川の戦線がぶつかるところで、今川方の城と織田方の城が交錯しています。寺部城、市場城は織田方。鳥栖城、中村城、戸部城は今川方だったといいますから、まさに台地上は両者の攻めぎ会いの場所だったに違いありません。中ノ道は、室町時代末になると一般の旅人には通り抜けにくい場所になっていたようです。

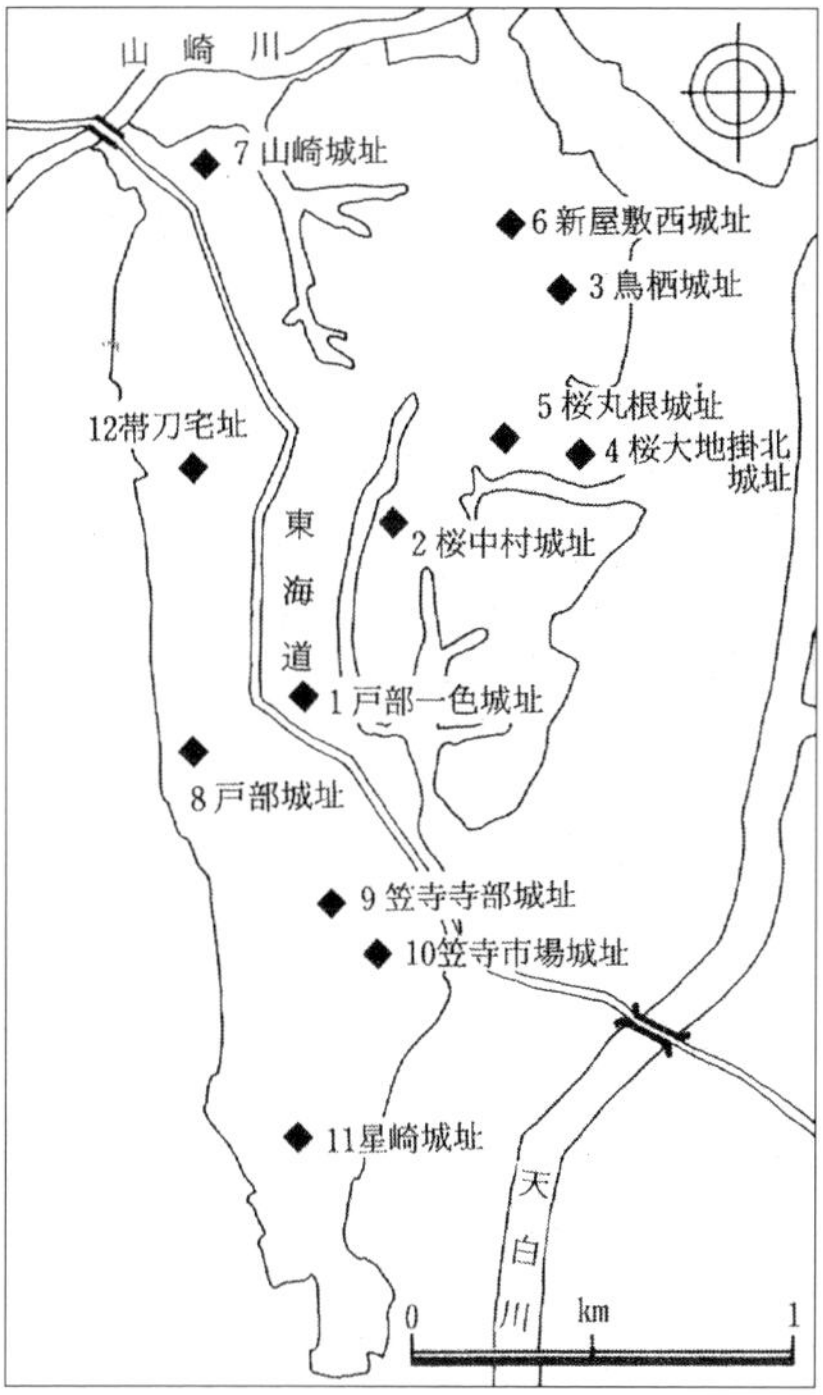

図5　中世の笠寺台地の城跡（文献25）

街道とされる道跡

このルートの注目すべき点は、鎌倉街道跡とされる道跡が一部残っている点です。先ほどの白毫寺から東南東へ、五百メートルほど。

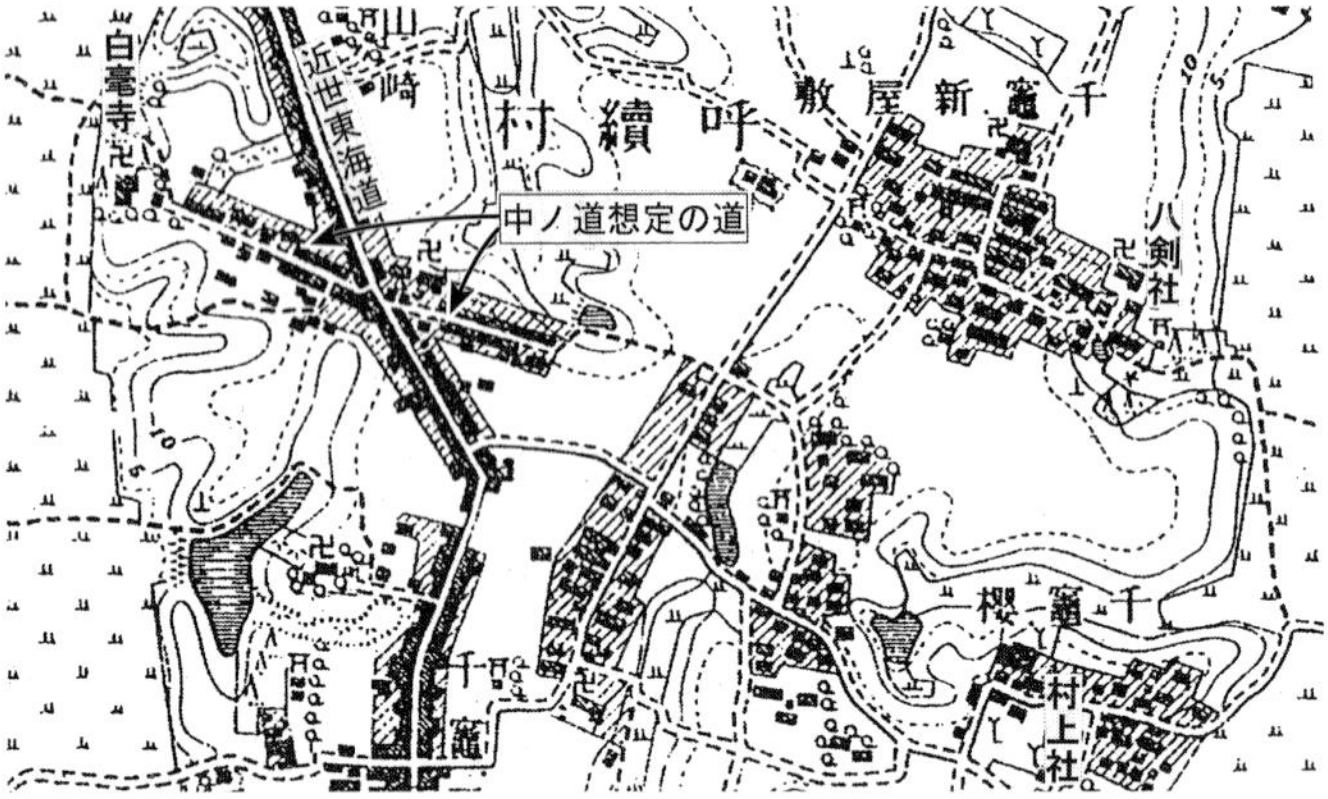

図6　明治の地図に東西に残る鎌倉街道とされる道

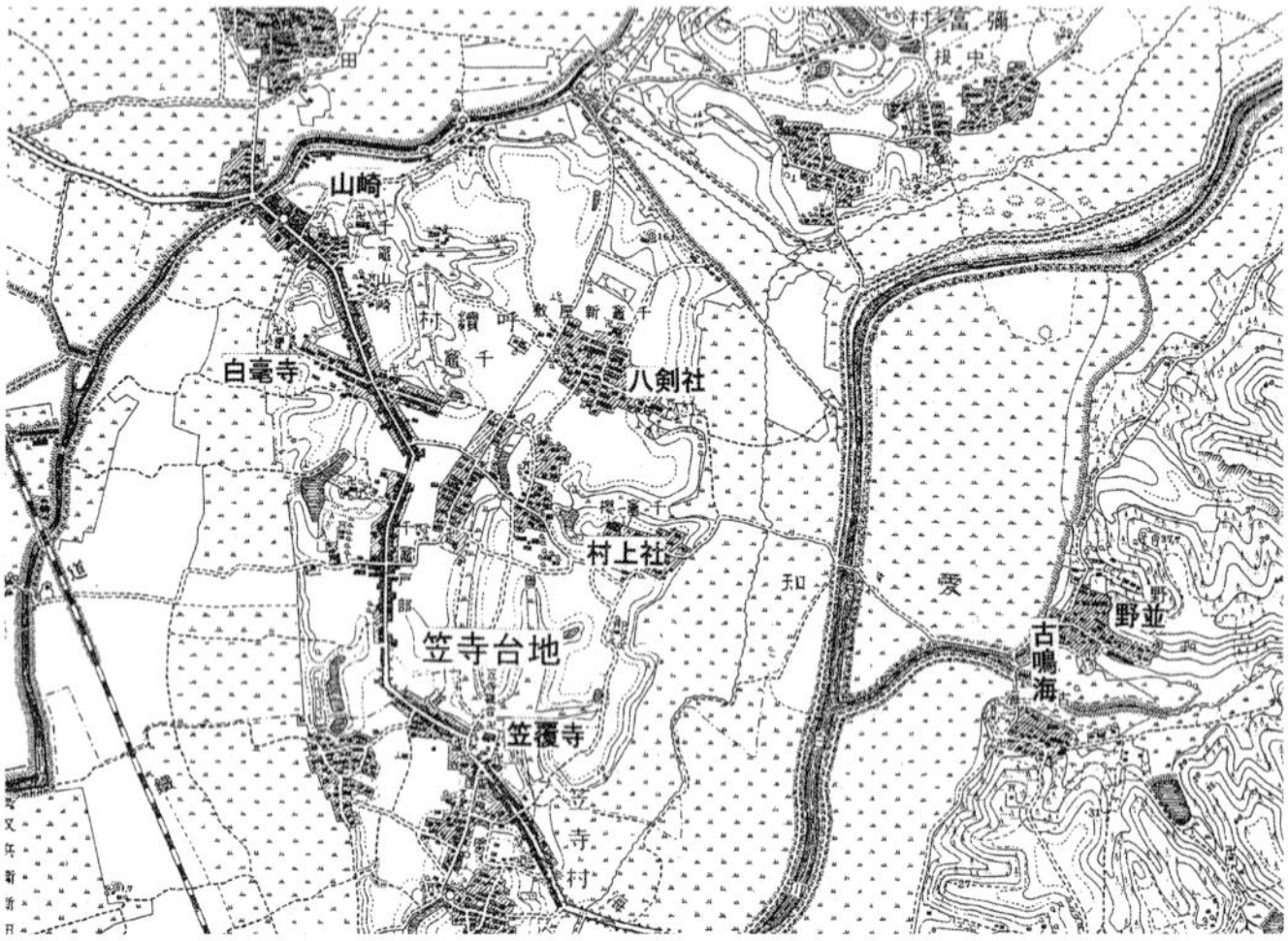

図7　明治時代の「中ノ道」ルート付近

近世の東海道と交差してまっすぐ進み、名鉄本線と交差する辺りまで続いていました。この道が中世の街道跡だと想定されるのはいくつかの理由があります。

まず道が笠寺台地の横断、ちょうど、先ほど紹介した西端の白毫寺から東端の村上社に向かう方向にあることです。また江戸時代の道路には考えられないまっすぐな道であることもその理由でしょう。道の幅が九尺道でちょうどいいという人もいます。さらに気になることは、明治時代の地図では、この道が台地の途中でプッツンと断ち切れ、どこにもつながっていない道になっていることです（図6）。江戸時代初めには、西側はまだ干潟だったからでしょう。東側が消えているのは戦国時代の築城によるものだと考えられます。街道がやや北に回っていたのでは?という話も城跡を避けたと考えると理解できそうです。

「中ノ道」のルート

中ノ道は、熱田や井戸田から低地を渡って笠寺台地西北部の白毫寺付近に取り付き、その後は先ほど紹介した街道跡と想定される道を通って台地上を東南東に進みました。名鉄線から先はやや北に振って八剣社に出たという説と、そのまま進み、村上社の楠の大木の所から鳴海潟の低地に下りたという説があります（図7）。潮の状況で左右にふれたのか、城ができて迂回させられたのかはよくわかりません。しかし普通に考えれば進行方向になる村上社に向かっていたといえるのではないでしょうか。その後は鳴海潟を渡って対岸、今の古鳴海方面に向かったと考えられます。この付近は、中世前期にはまだ潮が入り干満のある区間だったのでしょう。

3　鎌倉街道をさがす⑧　…　名鉄線呼続駅から

それでは中ノ道の街道跡を追ってみましょう。名鉄本線の呼続駅を降ります。西に行くとすぐ山崎になり、近世の東海道と交差します。通り過ぎて二つ目の信号を左に入ります。台地への道を百メートルほど上ると右側に細い道があります。入ると道はすぐ左にカーブして坂を上ります。上った所が白毫寺です。寺は室町時代にできており、鎌倉街道のはじめのころはありませんでした。寺に入り本堂の左に回るといくつかの石碑の中に「年魚市潟勝景」の碑が目にはいります。今は木に覆われて展望はありませんが、西側は十メートルほどのガケになっており、当時

白毫寺に立つ「年魚市潟勝景地」の碑

は呼続の浜やその向こうに海を眺める景勝地だったのでしょう。その横の碑には、『万葉集』にある高市黒人の旅の歌、

桜田へ鶴鳴きわたる年魚市潟
　潮干にけらし鶴鳴きわたる
　　　　　　　　　　高市黒人

の碑があります。年魚市潟が広く有名になったのは、大正天皇の大嘗祭の式場の屏風に年魚市潟と桜田の絵が描かれ、黒田清綱が自作の歌を添えたためのようで、後に県の名勝になって碑が建てられました。

寺を後に、さきほど上ってきた道を東に進みます。ここからが鎌倉街道跡とされる道です。幅は三メートルほどで、まっすぐに続いています。途中、旧東海道と交差し、その東側には地蔵院と黄竜寺があります。いずれも中世の末に立地しました。道は東に住宅地の中を進みますが、名鉄本線を通り過ぎた辺りからの街道跡は定かではありません。突き当たって左、右と曲がると幹線道路（環状線）に出ます。右の方には桜本町の交差点が見えます。南側のルートをとるとすれば街道は、方向からいうとその交差点北側を東南東に向

白毫寺から東へ、まっすぐ続く鎌倉街道跡とされる道

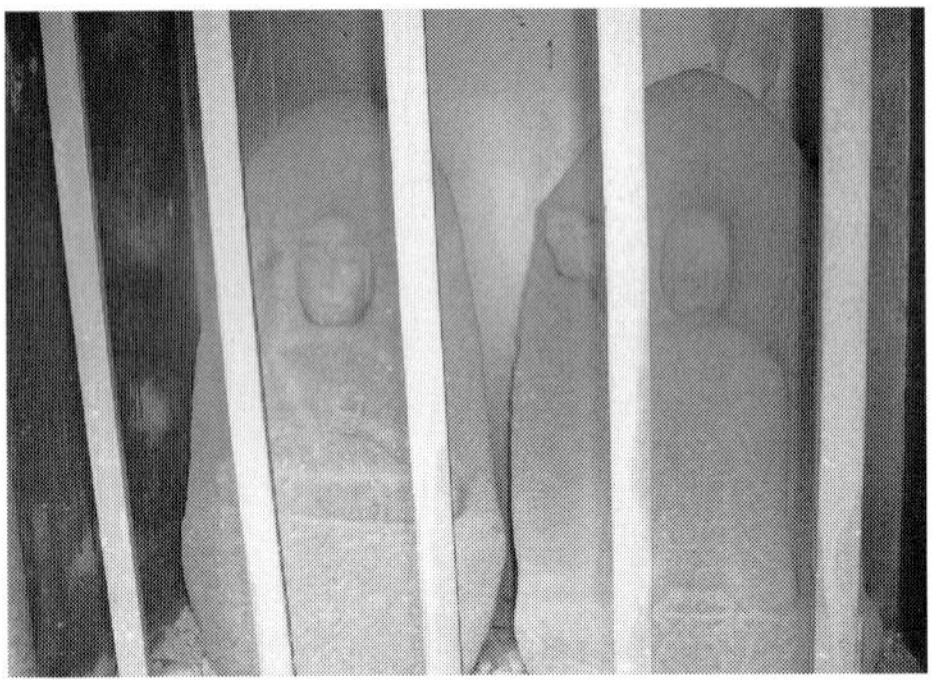

鳥栖城跡の成道寺に残る城主夫妻の石像。1515年の銘がある

かったと考えられます。ただその東南には先ほど説明した桜丸根城が築かれました。そのため街道はそれを避けて村上社の楠の大木を目指したと考えられます。

　さてここでは、北側を行くとする街道ルートに沿って、台地の北側に点在する中世の城跡等を見ておきましょう。信号で幹線道路を渡り東に住宅地に入ります。二本目の旧塩付街道筋で左に曲がり、三本ほど行くと東側に神明社があります。鳥栖神明社古墳の上にまつられた社です。その東の道を北に、二本目を右に行くと北側に医王寺があります。寺は十六世紀の創建ですが、それ以前は新屋敷西城があったとされます。寺の正面に戻り、南に二本行き左に曲がります。少し行くと左に成道寺があります。ここは室町時代の鳥栖城の跡とされる所です。中に入ると左手に城主夫妻の像とされる二つの石像がまつられています。刻まれた銘は永正十二年（一五一五年）で、銘のある石仏では市内最古とされる市の文化財です。門の前の道を東に進むと緑豊かな小山の上に八剣社があります。ここは鳥栖八幡古墳で、直径四十五メートル、高さ五メートルの円墳で、その上に社があります。中ノ道の北側を進むルートは、この先で河原に出て川を渡り、古鳴海方面を目指したのでしょう。

八剣社のある鳥栖八幡古墳。半径45mの円墳

東に進む街道跡とされる道筋

　社の西南の角に戻って南に進みます。突き当たりの桜小学校から東にかけては桜大地掛城があったようです。西に二本行き南に進むと鯛取通二の交差点です。渡ると公園があります。そ

周囲を圧倒して立つ村上社の大楠

の公園（池の跡）の南の道が南側に想定した街道ルートです。左に進んだ道筋は、ここも鎌倉街道の跡だとされています。

道が東に下り始める手前を右に、百メートルほどの所に楠の大樹の村上社があります。周りが九メートル、樹齢千年を越す大木が辺りを圧しています。鎌倉街道は、その付近の坂を下って鳴海潟の平地に出て古鳴海に向かっていたと考えられます。もちろんこの区間も道跡はありません。この中ノ道ルートは、その先の天白川には現在、橋がないため中ノ道の探索はここまでとしておきましょう。

帰路は、その南にある桜田の碑を見ておきましょう。村上社の前の道を南に、坂の手前を右に、桜台高校に突き当たって左に行くと八幡社があります。北側の入口から入ると本殿の先にいくつかの碑があります。その左手にあるのが「桜田勝景」の碑です。先ほど紹介した『万葉集』の高市黒人の歌にある「桜田」はこの付近にあったとして、台地西側の碑とのバランスを取る形で建てられたようです。社南の入口前には、弥生時代後期の居住址が発掘された桜田貝塚の碑が立ちます。社を出てさらに南に行くと、その先には、名古屋でもっとも大々的に調査が進められている見晴台遺跡が望めます。東に坂を下るとバス通りに出ます。北に少し歩けば、楠の大木の村上社の下、中ノ道が通っていたところを横切ります。地下鉄鶴里駅はその少し先です。

4　伊勢湾台風の後

昭和三十四年。伊勢湾台風は伊勢湾北部に大きな浸水の被害を与えました。その水が浸かった時、実は台風後数日間だけ鳴海潟が戻ったのです（図8）。そして、まさに笠寺台地は海に囲まれる「松巨嶋」であることが証明されてしまいました。もちろんできたのは湛水区域で、海とは違います。しかし今では海も遠くなって平坦に思える地域ですが、厳然と地理に支配されていることを実感させられたのです。

図8　伊勢湾台風の後の浸水域に現れた「松巨嶋」

参考　本節で紹介したルート

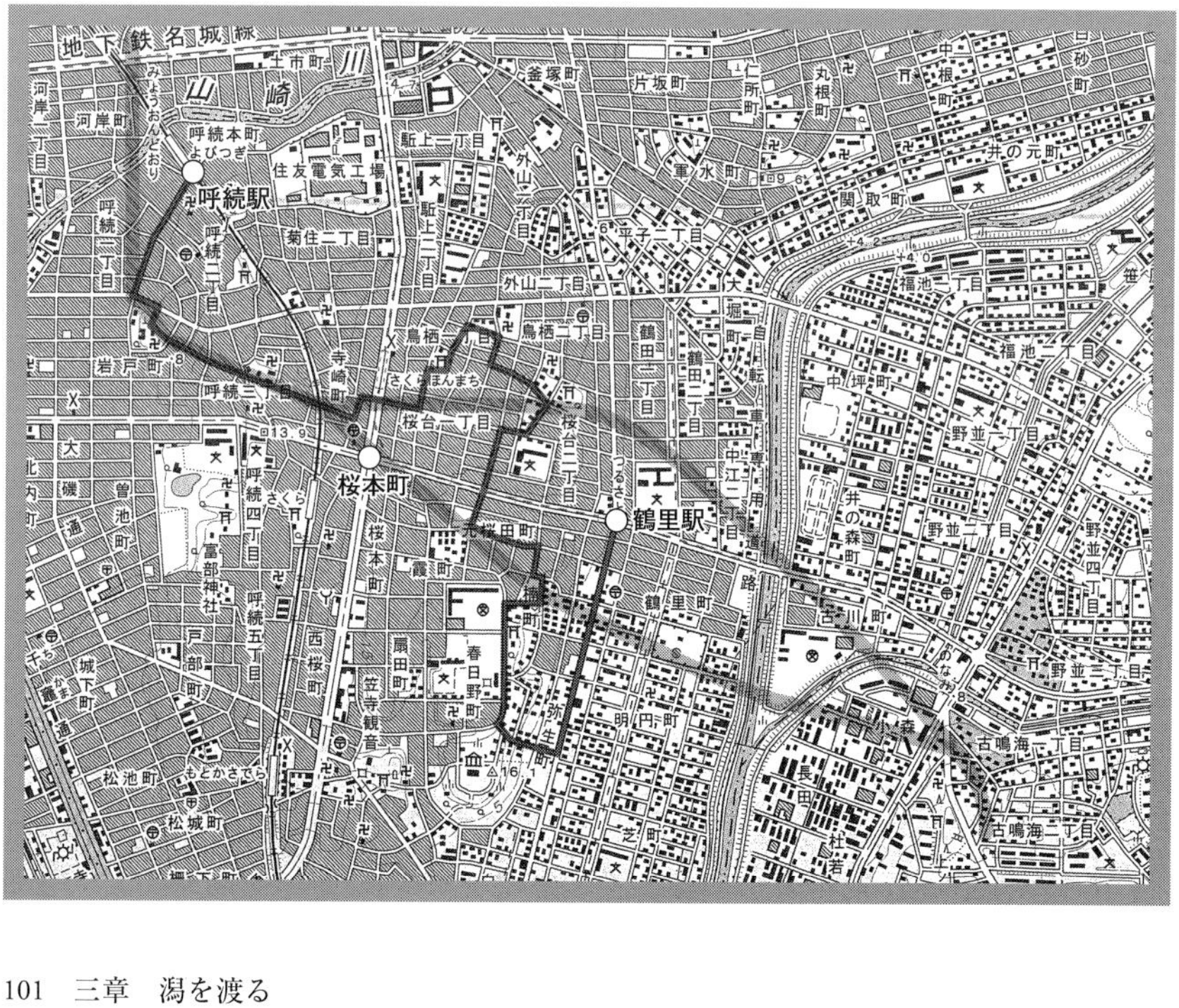

9

観音の門前

下ノ道：桜から三王山

図9　『尾張名所図会』の「笠寺縁起」の図

1　笠寺縁起

　笠寺台地の中央には有名な笠寺観音（天林山笠覆寺）があります。七三三年、禅光という僧が、台地の西側の呼続の浦に漂着した霊木で十一面観音像を彫りました。そして台地の南側に庵を建てて安置し、小松寺と呼びました。今の寺から東南に約一キロほどの粕畑貝塚跡とされる所です。それから二百年ほど。廃れて雨ざらしになっていた観音像に、自らの傘をかけてあげた心優しい娘がいました（図9）。笠寺の略縁起では鳴海長者の侍女とされる娘は、その縁で通りかかった関白藤原基経の子とされる、兼平に見初められ夫婦になりました。そして兼平は寺を現在地に再興し、名も笠覆寺と改めたのです。九三〇年のことです。この笠寺の縁起から考えると、十世紀には京から東国の任地に向かう街道がこの笠寺近くを通っていたことになります。

　本節では、笠寺台地の南側を抜け、江戸時代の東海道の原形になったと考えられる鎌倉街道「下ノ道」の跡を追ってみたいと思います。

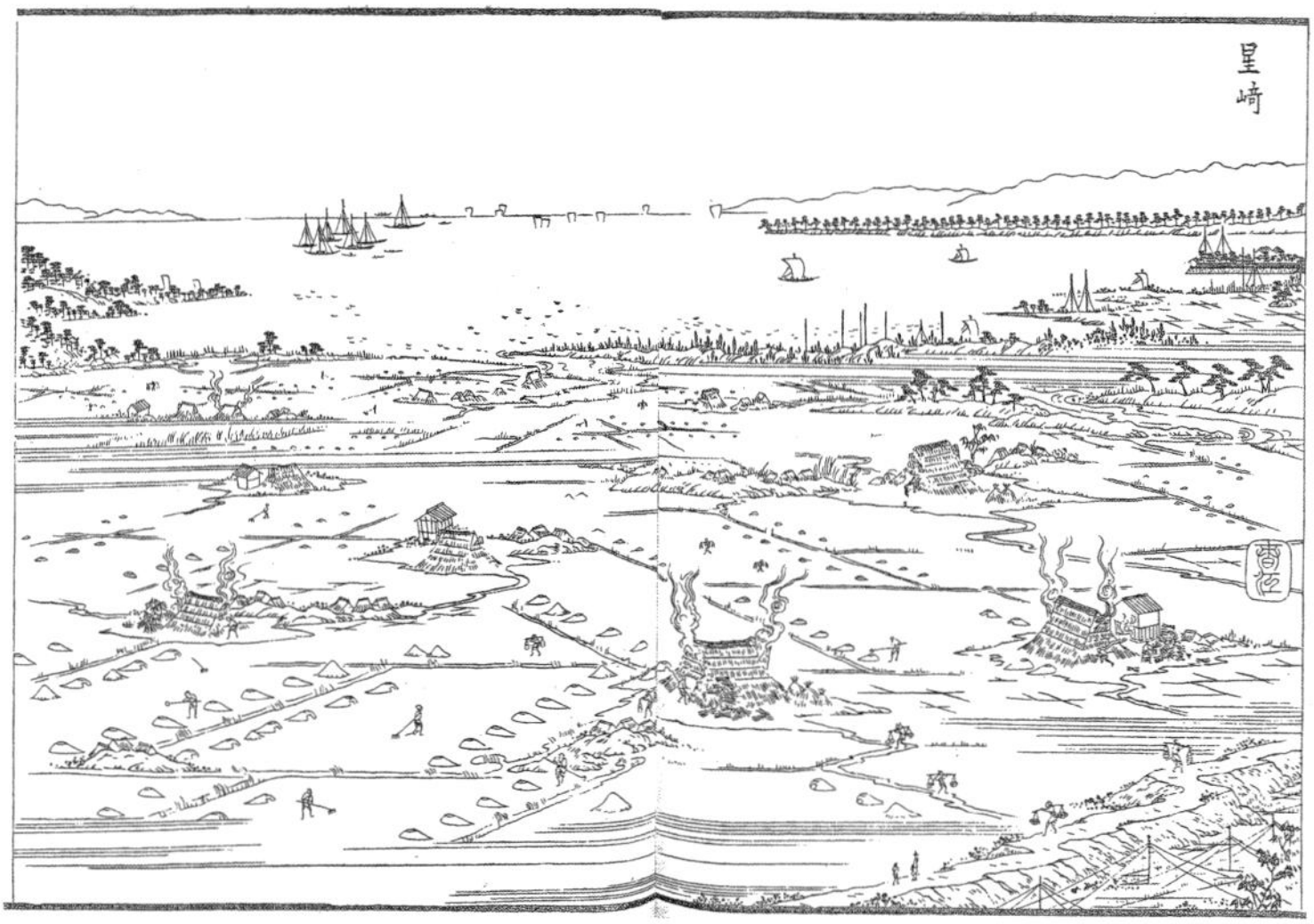

図10　『尾張名所図会』に見える「星崎」の塩浜風景

2　中世末の台地

呼続浜

笠寺台地の西側は、古くは呼続浜と呼ばれた美しい浜辺だったといいます。その浜辺に、いつのころからか塩浜ができ、塩がつくられるようになりました（図10）。室町時代末には最盛期を迎えていたといいますから、中世は塩浜の風景だったのでしょう。鎌倉時代の末頃の歌集『夫木集』に、その景色を詠んだ法眼慶融の歌があります。

鳴海かた　遠きひがたの松かげに
　　けぶりぞのこる　うらのしおがま

その上の笠寺台地の端には、曽池の遺跡があり、また九世紀創建、十五世紀再興という長楽寺、その南には一六〇三年、尾張の国主・松平忠吉のために移された富部神社があります。中世の笠寺台地西端も賑やかだったようです。

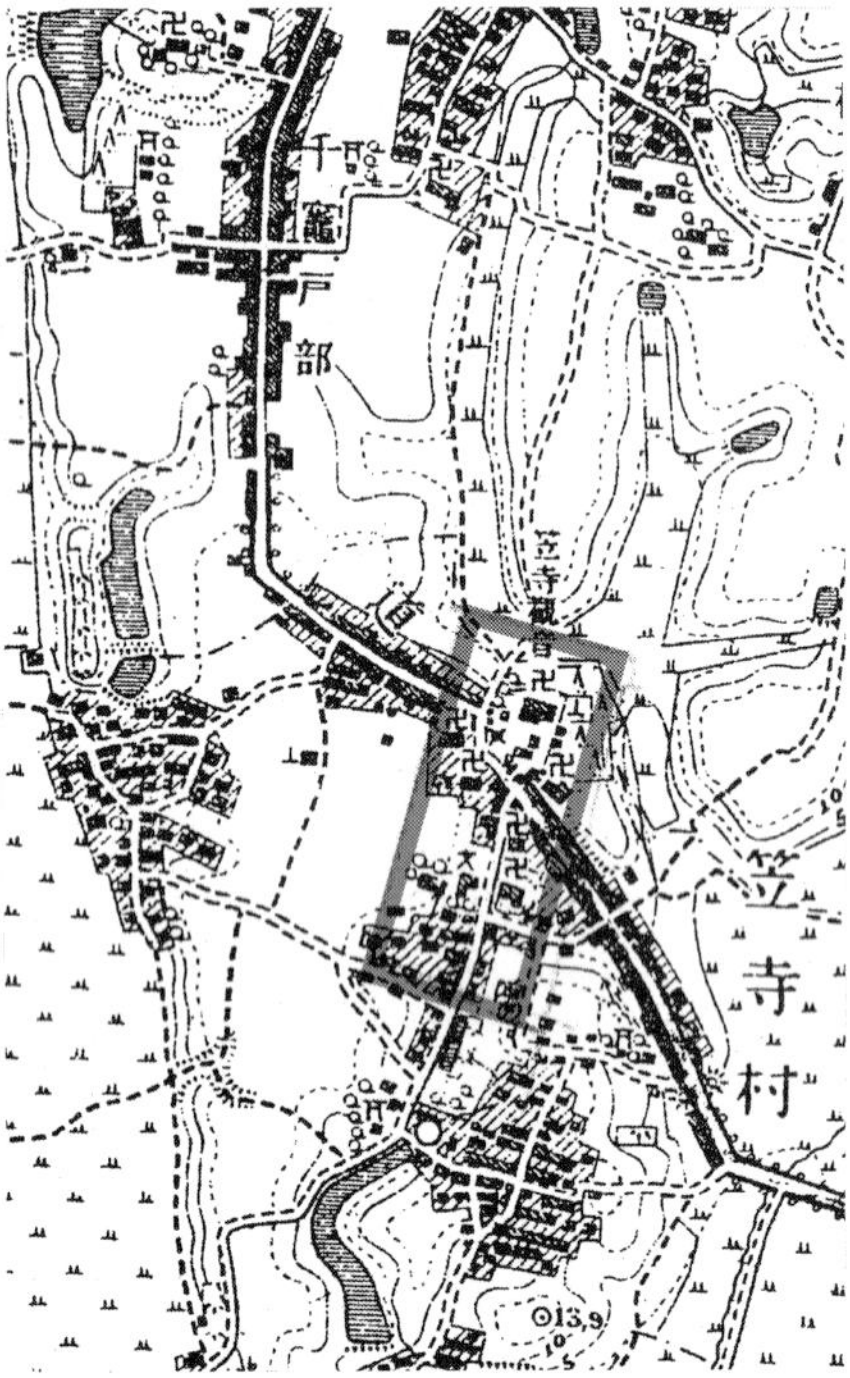

図11　中世の笠覆寺の寺域の推定（文献25）

再興された笠覆寺

笠寺台地の中央部には、先に紹介した笠寺観音の故事がありました。再興された笠覆寺は、古代末に再び廃れましたが、十三世紀になって、僧阿願が再興し伽藍を整えました。広大な寺域が寄進され、僧坊も十二ヶ寺に及びました。

その寄進状から再現された寺域は、東西二百メートル、南北三百八十メートルと南に大きく広がり、北と東は谷、南と西には堀が掘られていました。そしてその西に「大道」が通っていたといいます（図11、文献25）。寺の南に行った所に、「大門」「市場」という字があるのはそれを裏づけているといえます。このことから、鎌倉街道の下ノ道は昔の寺の西側から南側に周り、寺と市場の間を通って東側に抜けていたとみることができそうです。

鎌倉街道と近世東海道

中世から近世へ。江戸時代の東海道は、名古屋付近では鎌倉街道とは別の経路が選択されています。名古屋南部の鎌倉街道のルートを決めていたのは知立の北の逢妻川の干潟と鳴海潟だったと考えられます（図12）。

このルートがちがった理由を、南から考えてみましょう。逢妻川干潟の迂回が鎌倉街道のルートを東に選ばせていました。しかし中世末期には通過が可能になったようで、これが近世の道、前後・有松・鳴海を通るルートができるきっかけになったと考えられます。そしてもうひとつが鳴海潟です。ここも、中世の後期には下ノ道付近までは陸化し、通過可能になっていたのでしょう。近世になると、ここも台地には上がらず鳴海宿からは潟に沿って進み、天白橋が架設されることになりました。そこから西は、中世のように笠寺門前に向かわずに、笠寺の境内を通っています。これは、門前に向かう狐坂が急すぎたからでしょうか。緩やかな新道がつくられ、沿道には新町もできました。

笠寺から西に行ったところでも、今回推定したルートは近世東海道とは微妙にずれています。これは、山崎川を渡る所が白毫寺を下った付近では、潟が残っていたか、足元に不安があったこと。それとそこに下る坂が急だったことが考えられます。このため、やや上流が選ばれ、八丁畷で中世の道につながりました。

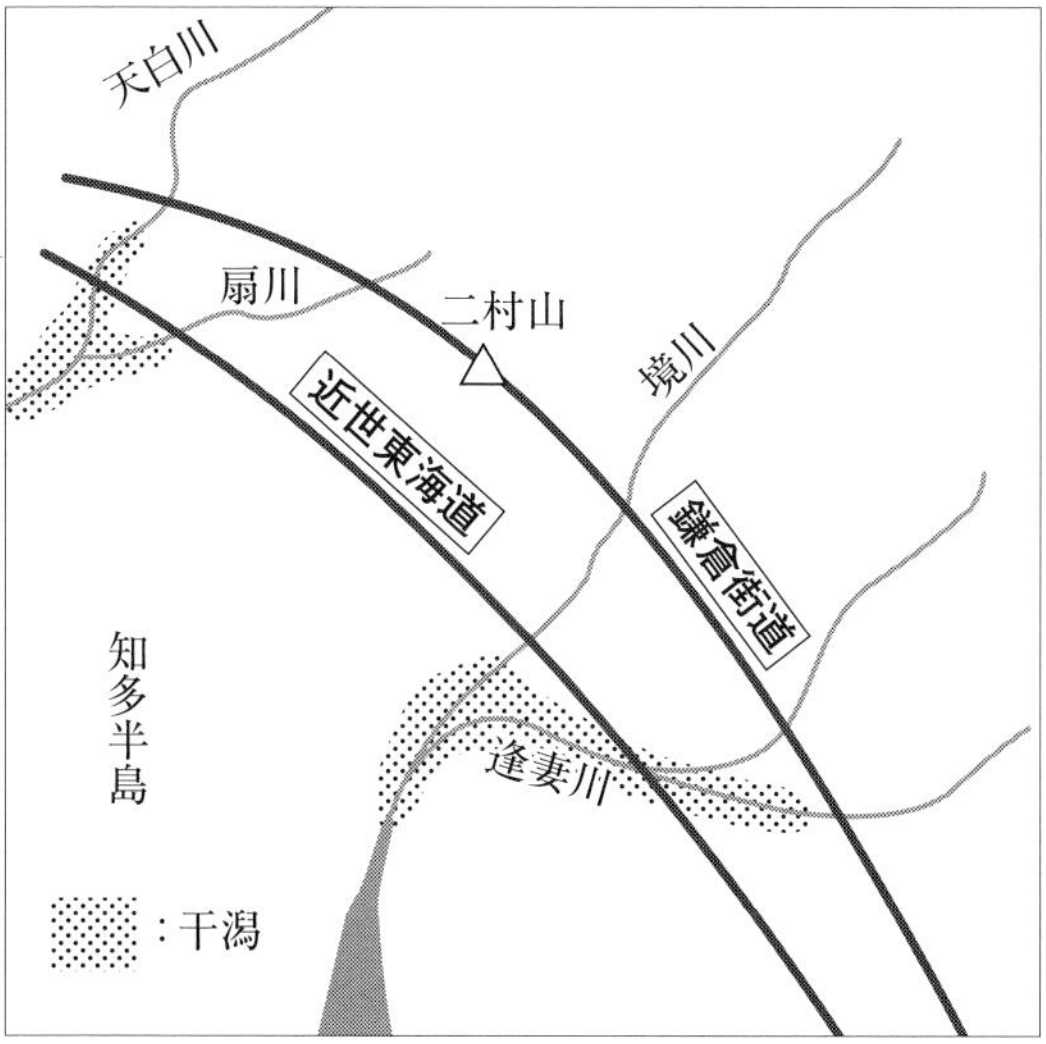

図12　江戸時代の東海道は干潟の陸地化で生まれた

このように辿ってみると、鎌倉街道は干潟を避けてルートが設定され、中世末に、その干潟の多くが消えていったために近世東海道ルートができたと考えることができそうです。

「下ノ道」のルート

下ノ道は、白毫寺を過ぎてから中ノ道と分かれて南に曲がります。塩浜を眺めながら笠寺台地の西の端を進みます。今の長楽寺の東にある南北の細い道が鎌倉街道の跡だといわれます。そして台地が下りかける手前で東に曲がり、笠覆寺の南大門の前を通って東に台地を下ったのではないでしょうか。その先の鳴海潟は、ほぼ江戸時代の東海道の付近で渡り、その後は三王山の谷を上って嫁ヶ茶屋に向かいました。

3　鎌倉街道をさがす⑨　…　名鉄線桜駅から

それでは、下ノ道を辿ってみましょう。名鉄本線桜駅を降りて北側の道を西に進みます。道はすぐ近世の東海道に突き当たります。左に少し行った西側に細い道があります。細い道は呼続小学校の横を通ると、坂を下りかけます。その付近が、中ノ道から分かれた道が通っていた台地の端と推定できます。坂の途中で左に細い道に入りそのまま進むと長楽寺です。その前を過ぎた所で道が急に細くなります。この細い道が鎌倉街道の道跡とされるものです。細い道を抜けると突き当たるので、右に富部神社前に迂回します。先ほどの街道跡を追いかけようとすれば、神社の東南に細い道があります。入ると、駐車場のある広い空間を通って、細い道が続いています。しかし、その細道も住宅地を越えた所で突き当たり、結局は街道跡を辿ることは無理のようです。

長楽寺横の街道跡とされる細い道

鎌倉時代に再興された時の笠寺の、寺域の西南角付近

一本西の道へ出て、宅地に沿って南に進むと広い通りに出ます。通り抜けると一本目の右角に戦国時代の悲劇の城主になった戸部新左衛門の碑があります。城跡はここではなく、西に坂を下った所でした。左の道をとって名鉄

本笠寺駅裏の道に出ます。右に線路に沿って上下すると幹線道路（環状線）です。街道は線路を斜めに抜けていたのでしょう。信号を渡って名鉄の線路を潜り幹線道路を北に上ると一本目の道はすぐ先で二つに分かれています。その左側の細い道が、鎌倉街道と想定する道跡です。入って東に進むと突き当たる所の道が笠覆寺仁王門の正面の参道です。その先は宅地になっており、左に迂回すると二つ目の角が塔頭の東光院です。参道正面には寺の仁王門と本堂が見えます。

この寺は宮本武蔵が巌流島の戦いのあとしばらくしてから滞在したとされる所で、手彫りの木刀と左右で書き分けた見事な掛け軸等が残ります。寺の手前を右に曲がり、次を右に。坂の上を東に向かう道が、寺域、方

参道からの笠覆寺遠望。右が、武蔵が逗留したという東光院

街道跡とされる狐坂の下り

天白橋から鳴海丘陵の三王山を望む

芭蕉、生前では唯一とされる自筆の「千鳥塚」

向、つながりの面から街道跡ではないでしょうか。細い道を東に行くと下り始め、狐坂と呼ばれる坂になります。ここも街道跡とされている所です。途中、石仏や古井戸などもあって江戸以前の東海道という説を裏づけているようです。坂を下ると江戸時代の東海道の笠寺一里塚のところに飛び出します。ここから先はもう鳴海潟の低地になり、道跡は残りません。

旧東海道を東に、天白橋を渡ります。正面には目的地の三王山が間近です。堤防の坂を下り、旧東海道と分かれて左手の新道を選べば山麓の交差点です。鎌倉街道はこの付近から三王山の谷間を上り丘の上の嫁ヶ茶屋の方に向かっていたのではないでしょうか。

三王山に寄るため、ルートから外れて交差点東の斜面に設置された階段を上ります。三十メートル弱を上ると公園に出ます。左に神社を見て公園の奥、東南角に行くと、そこには江戸初期、芭蕉が生前に立てた唯一の句碑、自筆によるという千鳥塚があります。

星崎の　闇を見よやと　啼く千鳥　　桃青

句はまさにそこからの星崎方面の眺望を詠っているようです。句碑から西に下れば、降りきって旧東海道を少し右に行くと、先ほどの交差点に戻ります。近くには鳴海山下のバス停があります。

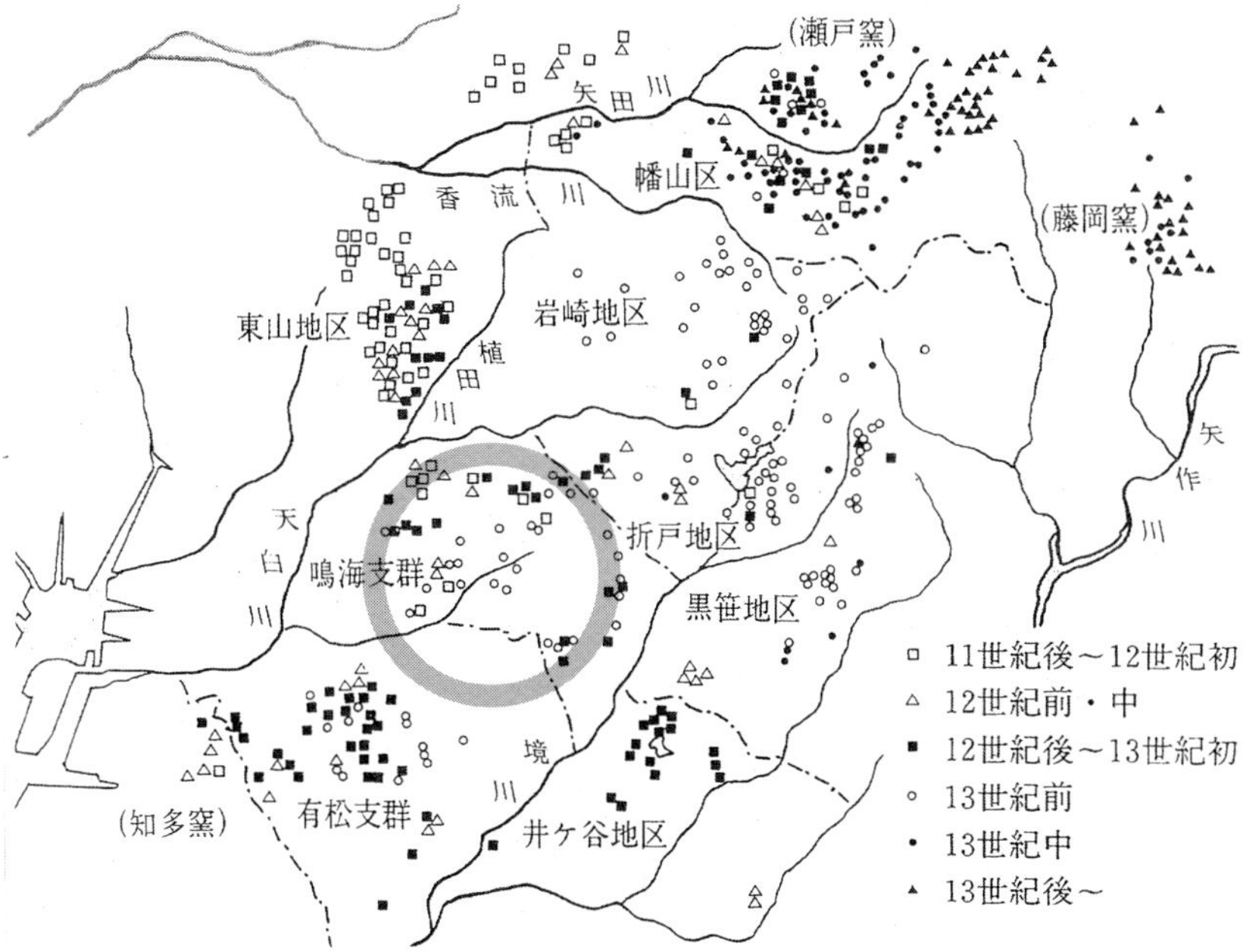

図13　名古屋東南部の古窯跡。中世、天白川、扇川の上流は最盛期だった（文献41）

4　三つの道の中世

鳴海潟に、中世にはどのくらい海が入っていたかというのは難問です。現在と違って海水が入っていたとすれば、その要因としては、

①海面の上下、
②河床の上昇、
③堤の有無、
④潮の干満

などが考えられます。

①の海面は、縄文時代には何メートルも上下しましたが、中世以降では平安から鎌倉時代にかけて少し上がった程度とされています。

②の河床の上昇は、一般にはあまり問題になりませんが、この川の中世は少し難しい問題があります。というのは、中世の頃この上流は大きな陶器の生産地だったからです（図13）。このため木の伐採等で土砂の流出が考えられるからです。天白川が天井川になったのもこの影響があったのかもしれません。

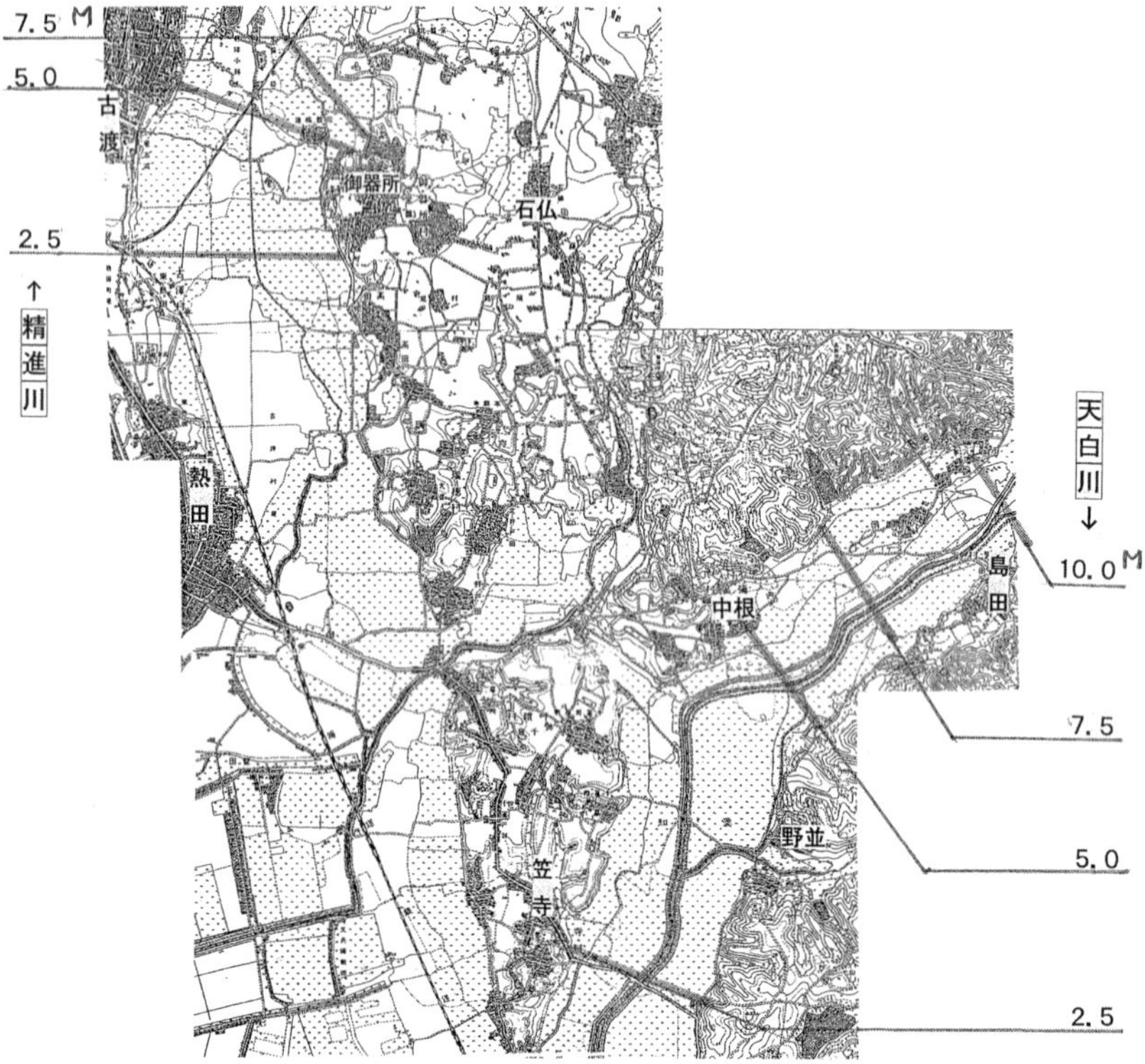

図14　明治時代の地図に見る精進川と天白川の標高。鎌倉街道は2.5mから5.0mくらいを通っていた（図：明治24年）

③の堤は、中世には築堤途上だったと考えられ、今日との差が出ます。

④の潮の干満は、湾の奥だけに難しいところがありますが、今の名古屋港では、前に示した潮汐から見ても、最大の日でプラスマイナス一・五メートルくらいになっています。これらを総合してみると、海水は今よりも広く、かなり上流まで来ていたことは想像できます。

この問題を、標高から調べるため、明治時代の地図から測ってみます。そうすると、旧東海道の辺りが標高二・五メートルです。またその二キロ上流、中根と野並を結ぶ線の少し上に標高五メートルの線があります（図14）。精進川の例やこれまでの説明から考えると、砂の流出ということでの特殊事情があるものの、中世では標高五メートルの位置ならほぼ陸地化していたといっていいでしょう。しかし二・五メートルくらいでは、中世末期でも、潮のために渡ることができない時があったのではないでしょうか。鳴海潟を渡る三本の道は、上ノ道が標高五メートル弱、下ノ道が二・五メートルくらい、中ノ道はその中間になるのです。

＊　　＊

以上、三節にわたって鳴海潟を越える上、中、下の三つの道を紹介してきました。これらの道は中世のいつごろ存在し、使われていたのでしょうか。三本とも同時に存在した可能性もありますし、時代とともに移っていったとみることもできます。

よくされる説明は、鳴海潟の海退とともに上から下へと移っていったというものです。江戸時代の東海道が下ノ道と同じ位置を渡っており、この説明はわかりやすいのですが、疑問も残ります。たとえば上と下ノ道の間には、標高差で二から二・五メートルありますが、河床はそんなに大きく動くものでしょうか。また中ノ道や下ノ道が、笠寺縁起や頼朝上洛という故事にあるように中世以前に歩かれていた可能性があることも気になります。もちろんこの時は干潮をねらって舟や馬での横断だったかもしれませんが、単に三つのルートは上流から下流へ移ったというものではないのかもしれません。

これらの中世の道は、近世には、前述のように、ほぼ下ノ道の位置で鳴海潟を渡りました。そしてその東側は、鳴海の台地に上らずに、その裾を廻って鳴海宿に向かっています。しかし素朴に考えると、なぜもっと下流の、今の国道の付近で渡らせなかったのでしょうか。その方が鳴海宿からはまっすぐで、星崎や笠寺観音の前面に出ることも容易です。そう考えてみると、近世の初期には、まだ天白橋の辺りが天白川の「水路」と伊勢湾の「干潟」とを分ける境目だったとは読めないでしょうか。

いずれにしても鳴海潟は潮干のある鎌倉街道の難所でした。多くの旅人が悩まされ、それが都にも伝わって歌枕になりました。「なるみ」という切なさを感じる音とともに。鳴海潟は、この付近の鎌倉街道探索に大きなロマンを与えてくれています。

参考 本節で紹介したルート

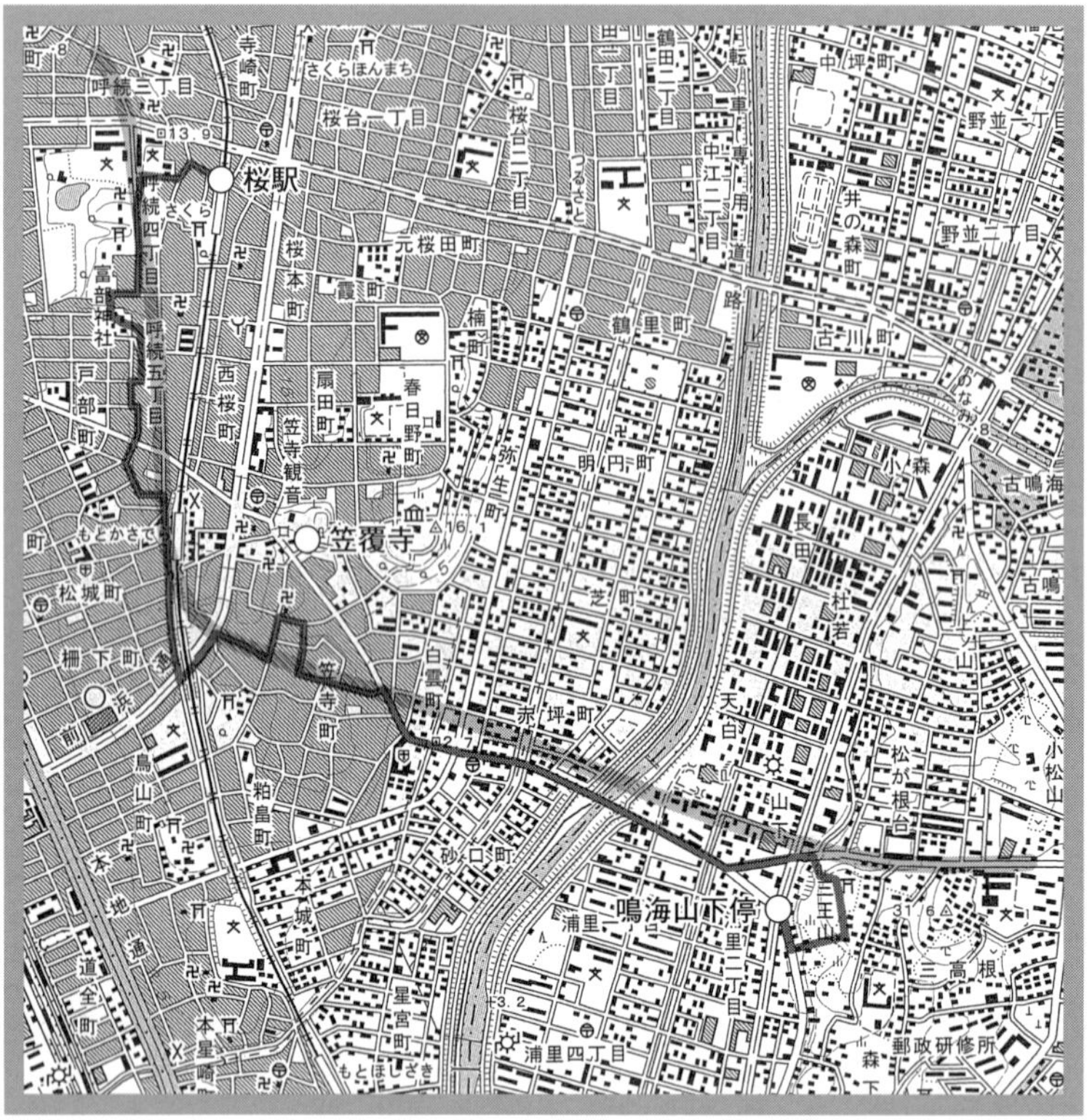

四章

峠を越える

―古歌に残る二村の山―

鳴海潟を過ぎた街道は、鳴海の台地を通って二村山へと向かいます。江戸時代の東海道は鳴海の台地の裾を通っています。しかし、中世の初めはまだ海が近かったのでしょうか。道は台地に上っていたようで、台地の上に「如意寺」などの古寺があり、「嫁ヶ茶屋」などの地名も残ります。

その先の二村山は標高 72m の小山ですが、周囲に比べると目立つ山で、鎌倉街道は山頂から 10m ほど下の、肩の所を通っています。他に、もっと低い所を越えることができるだけに、なぜこの山道が選ばれたのかはわかりません。しかしこの峠道は、間違いなく鎌倉街道で、幾多の旅人が通った道でした。

本章では、鳴海潟から台地を上り、扉川に下って、再び二村山へと上る道をたどります。

10 鳴海の宿

野並から相原郷

1 鳴海の遊女

京と鎌倉を結ぶ鎌倉街道には、時とともに「宿（しく）」と呼ばれる、後の江戸時代の宿場の原型ができていきました。鎌倉時代末の『実暁記』ではその数六十三宿とされ、この付近では、

-萱津-五十丁-熱田-五十丁-鳴海-五十丁-沓掛-五十丁-八橋-

とあります。

この鳴海の宿には、平安時代に早くも二つの遊女の話が残ります。一つは十世紀、尾張国司・藤原元命の話です。『地蔵菩薩霊験記』では、鳴海の女のもとに通っていた元命が、ある日地蔵菩薩が彫ってある卒塔婆を橋の代わりにして沢を渡ったというものです（図1）。本人も伴の者も当然罰を受けました。が、伴の者は改悛して助けられ地獄に落ちて地蔵に救われたようで、この故事からでしょうか、この沢地は地蔵沢とか地獄廻間と呼ばれます。沢は今の新海池の下にあたるようです。

もう一つは長門本の『平家物語』にあるという話です。一一七六年、尾張の井戸田に流された西光法師の息

子、藤原師高の最後のところでは、物語の作者は、

…骨をば師高が思いける鳴海の遊君の手づから取り納めけるとぞ無慚なり…

と言わせているといいます（文献47）。これらの記述から、真偽は別にしても、中世以前の鳴海というところには「遊女」の存在が知られ、ひいては宿の存在をも暗示しているように思えます。

前章までで鳴海潟を渡った、上・中・下の三本のルートは、本節からは、野並→古鳴海→嫁ヶ茶屋…と順次合流して一本の道跡になりました。本節では、この鳴海の宿の跡をさがすことになります。

2　中世の鳴海

鳴海の宿

鳴海は、十世紀の『和名抄』にもある「成海」郷という古い地名です。範囲も動いているようで、少なくとも今の古鳴海から鳴海の一帯は、昔から鳴海と呼ばれたところでした。

この鳴海には、中世末に宿のあったことは間違いなさそうですが、具体的にどこにあったかとなると諸説があって定かではありません。

図1　『小治田真清水』に見える「地獄沢の故事」

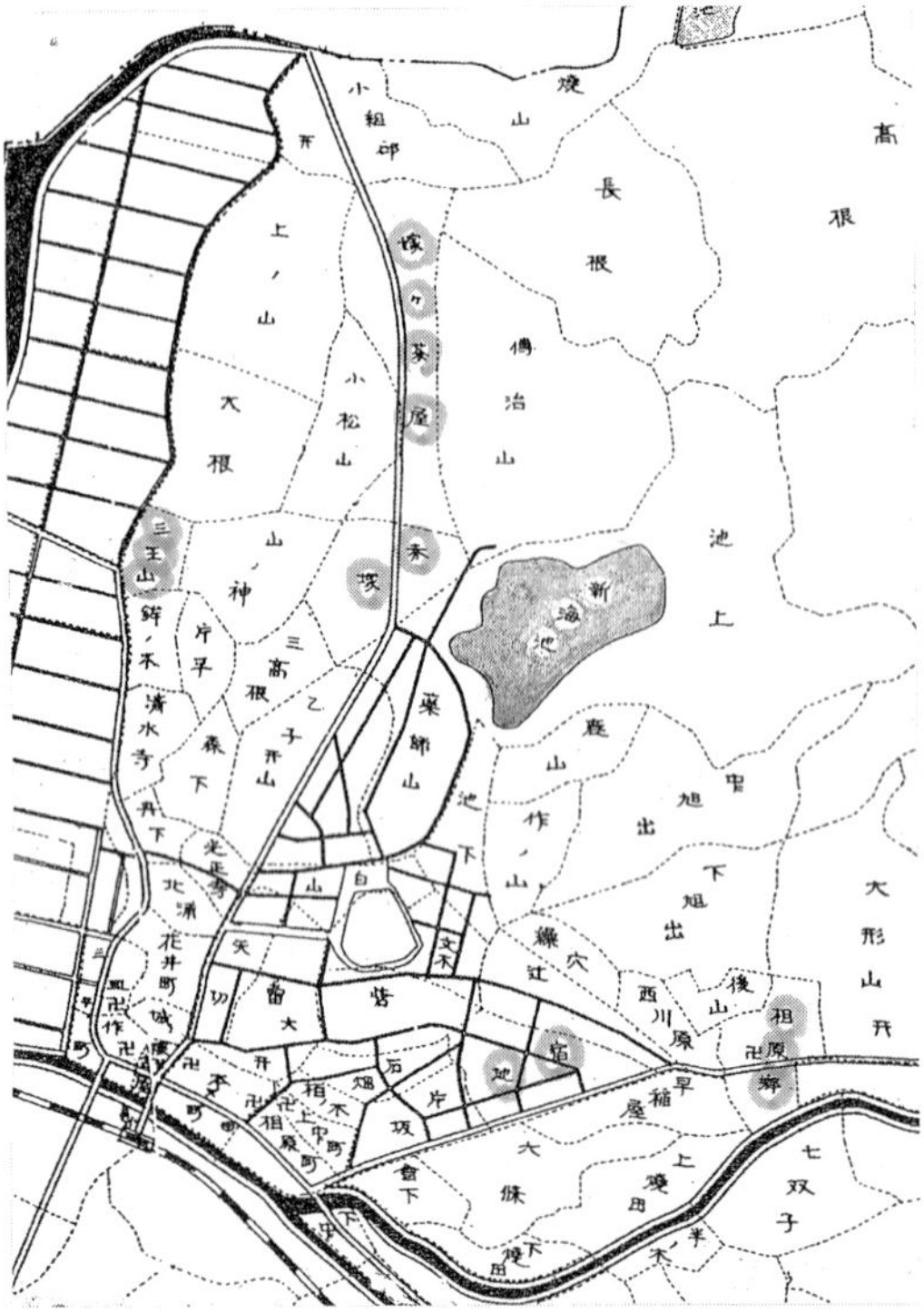

図２　鳴海付近の字図。上の方に「嫁ヶ茶屋」も見える

その候補の一つ目は、今の「古鳴海」ではないかとする説です。古鳴海は、鳴海潟を渡る船着場があり、今の鳴海に移る前の鳴海荘の本所だったとも考えられているのです。二つ目は、古鳴海交差点から南に上がった台地上にあったとする説です。もともとこの鳴海というところの古代の集落は、そのやや南の新海池の上の台地だといわれています。この説では地名に残る「嫁ヶ茶屋」もこの宿の一部と見ることができそうです。三つ目は、さらに南に台地を下がった扇川沿いの「相原郷」ではないかとする説です。すぐ西に「宿地」という宿を想像させる字名があることも大きな理由とされます（図２）。

鳴海城

街道と並んで、中世の鳴海にはもうひとつ拠点ができました。室町時代に入った一三九四年、海沿いに鳴海城が築城されたことです。場所は江戸時代の宿場のすぐ裏ですが、当時は、西には鳴海潟の深田、南は扇川（黒末川）、北と東には丘陵に囲まれた要害の地でした。この城は、百五十年ほど後に桶狭間の戦いの最初の舞台になっています。

街道と宿の大移動

鳴海は、中世末に鎌倉街道筋から近世の東海道筋に集落の大移動があったことが知られています。近世東海道制定の数十年前から、たとえば字でい

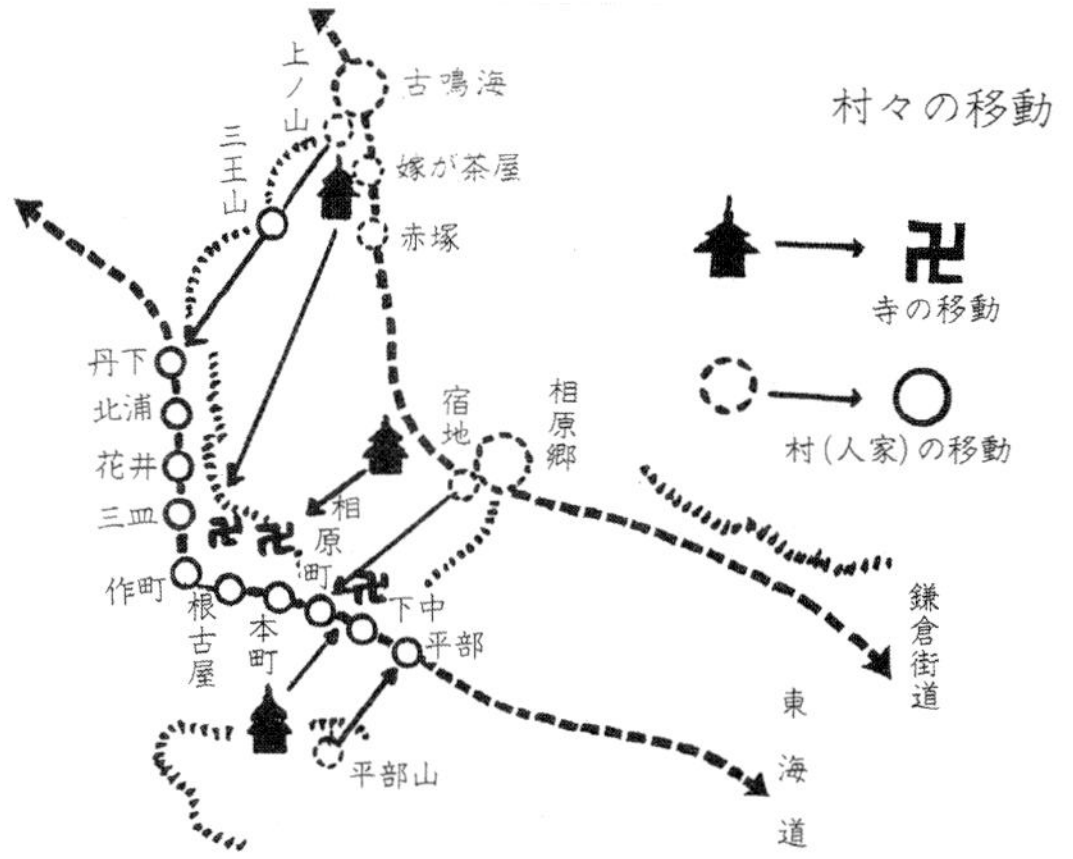

図3　鎌倉街道沿いから江戸時代の東海道への集団移転（文献31）

図4　『小治田真清水』に見える鎌倉街道。真ん中付近に「上野古道」とある

うと、赤塚から丹下に、宿地から相原に、上ノ山・三王山からも丹下に、などと移転がつづきました。寺も同様ですが、少し早くから、小松山からは如意寺が、砦からは浄泉寺が、薬師山からは長翁寺が、などと新道沿いに集まることになりました（図3、図4）。海岸が後退し、丘越えの旧道に変わって凹凸の少ない新道が開発され、利用され始めたということでしょうか。そしてその新道は一六〇一年、徳川幕府で東海道の通路となり、それまでの鎌倉街道は廃道になっていったのです。

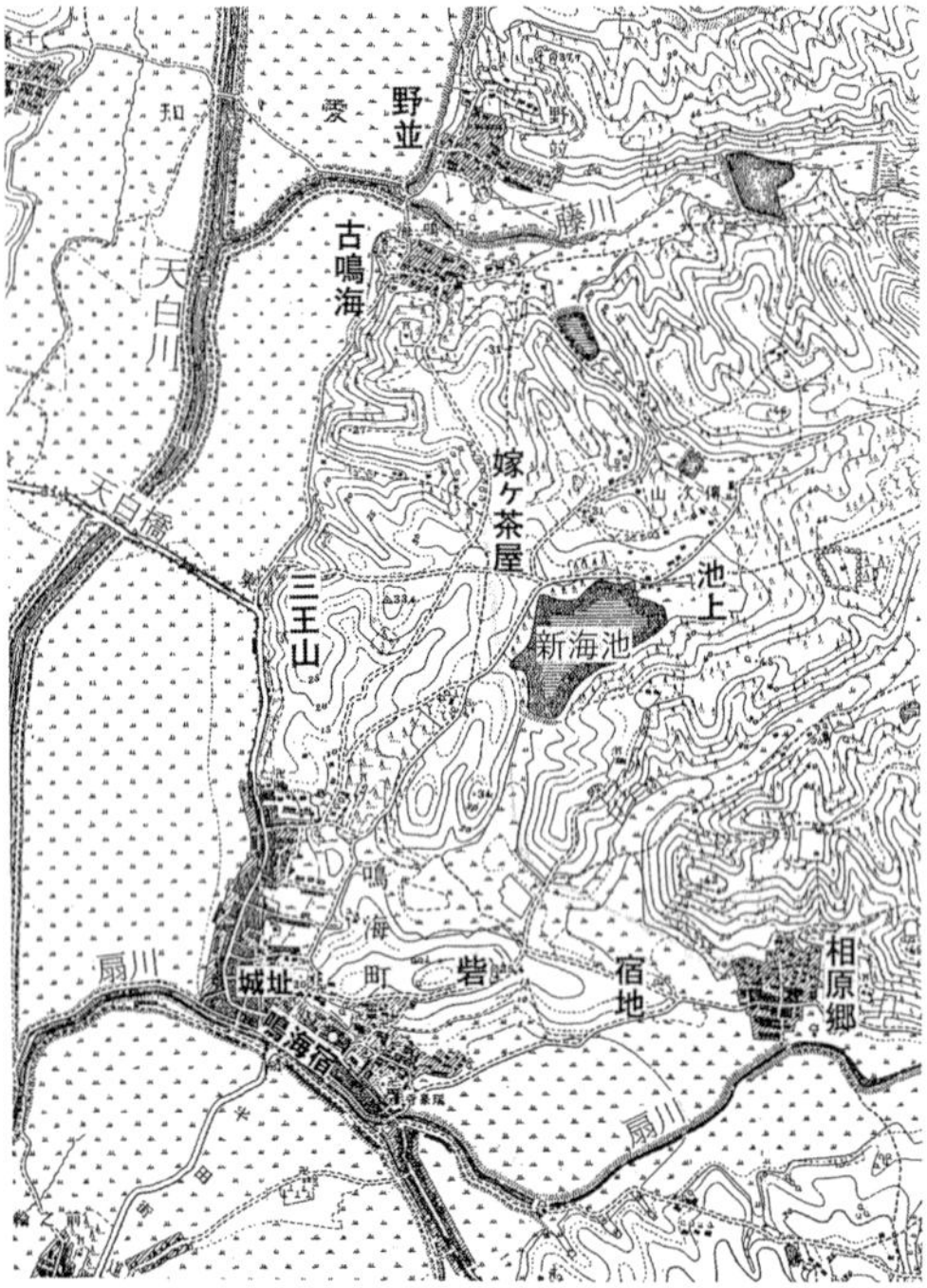

図5　明治時代の鳴海付近（明治24年）

鎌倉街道のルート

鳴海潟を渡った上ノ道の終点である野並から南に、藤川を渡るとすぐ古鳴海です。ここで街道は中ノ道と合流し、東南に台地を上ります。さらに南に進んで嫁ヶ茶屋の峠に出て、ここで三王山の脇を上ってきた下ノ道と合流することになります。

そこから相原郷までは、新海池の西側説と東側説があります（図5）。池は江戸時代にできましたから、中世は谷間でした。東側説は池の東に茶屋ヶ根という所（池上付近）があって、そこを通ったということのようです。ところが地形からみると、谷に下ればまた上るか遠回りをしなければなりません。一方、西側説は峠から南にゆるやかに下り、池の下の谷間（地獄沢）を渡ります。そして東側にある作の山の麓を横切って東に向きを変え相原郷に向かうもので、この方が自然なルートのように思えます。

3 鎌倉街道をさがす⑩ … 地下鉄野並駅から

それでは野並から街道跡を追って歩いてみましょう。地下鉄野並駅の2番出口を出ると右に曲がりこむような細い道があり、東に緩やかに上っています。この道は鎌倉街道跡と案内されています。行き先は定かではありませんが、その先の八剣社を越えたところで（現在はありませんが）右に曲がり、藤川の干潟を避けて迂回し、古鳴海の台地に上ったといわれます。八剣社は野並が熱田社の大宮司千秋家の領地だった関係です。神社の南側の階段を下ると幹線道路（東海橋線）です。この南方に、街道の松ではないかという「並松」があったようですが、今は道路と住宅街に消えました。

野並駅東の街道跡とされている道。八剣社に入っていく

古鳴海の交差点。正面が新道、旧道、旧々道もある

幹線道路が渡れないので右に、野並の交差点に戻って南に行き藤川を渡るとすぐ古鳴海交差点です。この川の東南の斜面が字「古鳴海」です。古鳴海とは昔の鳴海という意味でし

台地に上った所にある、街道跡とされる道

字「嫁ヶ茶屋」付近。右手に小松山があったという

ょう。ここは鳴海潟を渡って藤川の左岸になり、立地からも、宿の一つ目の候補地と考えられます。

　南の台地に上っていく道はいくつかありますが、まっすぐに上る車道は新道で、左手の細い道は戦前からの旧道です。明治の地図にあるのは新道を少し行った所で交差している細い、いわば旧々道になります。この道が、鳴海潟を越えてきた中ノ道が台地に取りつく道でしょうか。

　その道に入る前に、新道を百メートルほど上った所の桂林寺に寄ってみます。この寺は古くは薬師堂といい平安時代の創建とされます。寺の左奥の墓地の入口に、昔鎌倉街道沿いにあったという地蔵像があります。寺を出て坂を戻り、一本目に交差する細い旧々道に入ります。道は集落の中を進み、いったん旧道に出ます。その左に石仏の祠があり、北には先ほどの八剣社の森が見通せます。さきほどの八剣社で消えた道はここに上ってくるのでしょうか。この地は、野並からの上ノ道と古鳴海に着いた中ノ道の合流点だったのかもしれません。すぐ旧道を離れ、右に坂を上ります。突き当たりを左に行き、上りきるとすぐ落ち着いた街道らしい道になります。このルートで気になるのは下の方の斜面が少し急すぎることですが、鳴海潟を渡っての台地への上り道とすれば理解できそうです。

新道を横切ると八幡社です。室町時代創建という古鳴海地区の神明社でしたが、明治時代の統合で、他から移された格が上の八幡社の名になりました。南に出て社に沿って入口の新道に戻ります。新、旧、旧々と分れて古鳴海を上ってきた道はここで一本になりました。この付近が宿の二つ目の候補地、字「嫁ヶ茶屋」です。街道のルートはわかりませんが、台地の尾根をたどるとするとほぼ現在の広い道でしょうか。少し行くと伝治山交差点で、三王山を上ってきた西からの下ノ道ルートと合流したと考えられます。昔は小松山とされ、小さな峠になっています。鳴海潟の潮の具合も見えたでしょうか。茶屋にはいい場所だったかもしれません。

ここから南は赤塚といい、西の三王山にかけては織田信長が桶狭間の前哨戦で鳴海城の山口氏と戦った所です。次の信号を左に、次を右に曲がると、その先を少し入った所に大塚古墳があります。またその次の角を右に入ったところには、塚石が露出した赤塚古墳があります。鳴海の聖地ともされるこの付近の豊かな歴史を物語っています。東側にはところどころから新海池が見えます。南に下り、池の締切口に出ます。一六三四年、池は新海五平治によってつくられました。堤の中央から南に行く道は川の跡ですが、埋め立てられており、もちろん昔の地蔵沢と

江戸時代に造られた新海池

新海池の下の谷間。この付近の沢を地蔵沢といった？

か地獄廻間のイメージはありません。

沢を渡って東南に進む街道跡を追いたいところですが、現道は沢筋を渡らず平行に付けられており、西南に迂回して下ります。下りきった自動車学校の手前を左に。作の山の南を進みます。そして次の五差路の所では東に行く道を選びます。街道は昔の字の境を通っていたようで、今の道路とはすこし角度がズレていたのでしょうか。バス通りを越え、旭出川の水路で一本南の道に移ると潮見が丘公園です。東に進むと左手に墓地があります。整理されていますが、入口には一列にいわれのありそうな石仏が並べられています。この付近も鎌倉街道に間違いないといわれている所です。次の角に行くと道が少し細くなり、緩い下り坂の向こうに浄蓮寺の屋根が見えます。その付近が、この節で目指した相原郷になります。

本節はこの辻まで。街道跡を外れて右に坂を下るとすぐ幹線道路です。交差点右側の信号の西が相原郷の字「宿地」になります。この付近が宿の三つ目の候補地です。バス停（緑高校）はその交差点の西にあります。

4　みなと街？　相原の宿

相原は古くは「粟飯原」として、足利尊氏が所領を与えた文書に出てくるといいます。この付近には、忘れてはならないことがあります。天白川のところでも述べたように、当時、名古屋の東部の丘陵は陶器の一大産地だったということです。とくに鳴海の東、扇川の上流部には平安時代から鎌倉時代にかけて、多くの窯場がありました（本書の三章図13、一〇九ページ）。陶器の積み出しには舟運が欠かせません。その頃、扇川にはどこまで舟が入ったかわかりませんが、相原の南の川の対岸には舟着場の遺構と思われる所が見つかっており、無釉の陶器もたくさん出土したといいます。相原付近は陶器の積み出し基地だった可能性があるのです。

鎌倉街道は、今日でいえば高速道路でしょう。相原付近は主要産物の輸出基地の港湾でした。そう考えれば

参考　本節で紹介したルート

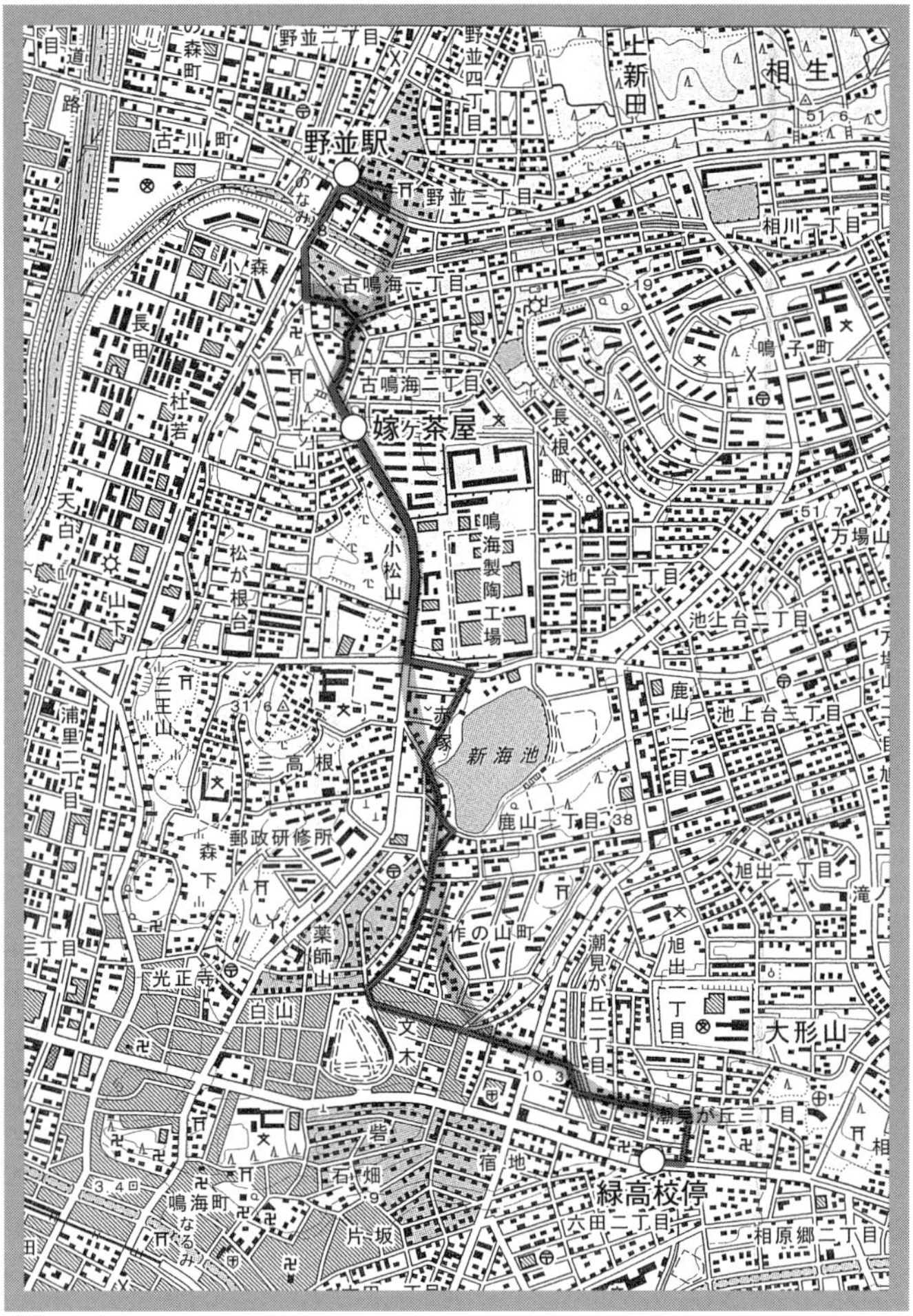

その交点に街が形成されても不思議ではありません。鳴海の宿は港街。遊女がいたことも理解できそうな気がします。

　その後、陶器は産地の移動で少なくなり、積み出しも下流に移りました。そして中世の終わりとともに街自体も下流、すなわち今日の鳴海へと動いていったのではないでしょうか。

11 歌の二村山

相原郷から二村山

1 二村の山

名古屋の東南の市境、わずかに豊明市に入った所に二村山という標高七十二メートルの山があります。愛知丘陵の末端にあるこの小さな山が、中世という時代には天下に名の知られた歌枕でした。

この山を有名にしたのは、中世以前の十一世紀に、十三歳の頃の東海道の思い出を書いた『更級日記』でしょうか。そこでは、

> 二むらの山の中にとまりたる夜、大きなる柿の木のしたに庵を作りたれば、夜一夜、庵の上に柿の落ちかかりたるを、人々拾いなどす　…

と、野宿だった当時の二村の山を描いています。この『更級日記』は、藤原定家に見出されて一躍に有名になったものです。他の史料には二村は三河の国とするものがあり、二村山も南方の岡崎や豊川ではないかとする議論もあります。岡崎市の場合は、「二村山」という山号をもつ法蔵寺の裏山を通っていたとされます。しかしその後に書かれた中世紀行文の記述からみれば、その順序からいって、歌枕はこの豊明市内の地といって間

違いないでしょう。
源頼朝は、上洛の途上、

よそに見し　をざさが上の白露を
　たもとにかくる　ふたむらの山
頼朝

と詠って、珍しく『続古今集』に選ばれています。

中区の古渡から、何本かのルートに分かれて相原郷にたどり着いた古道探索の旅は、相原郷の西で合流し、ここからは東南の二村山を目指すことになります（図6）。

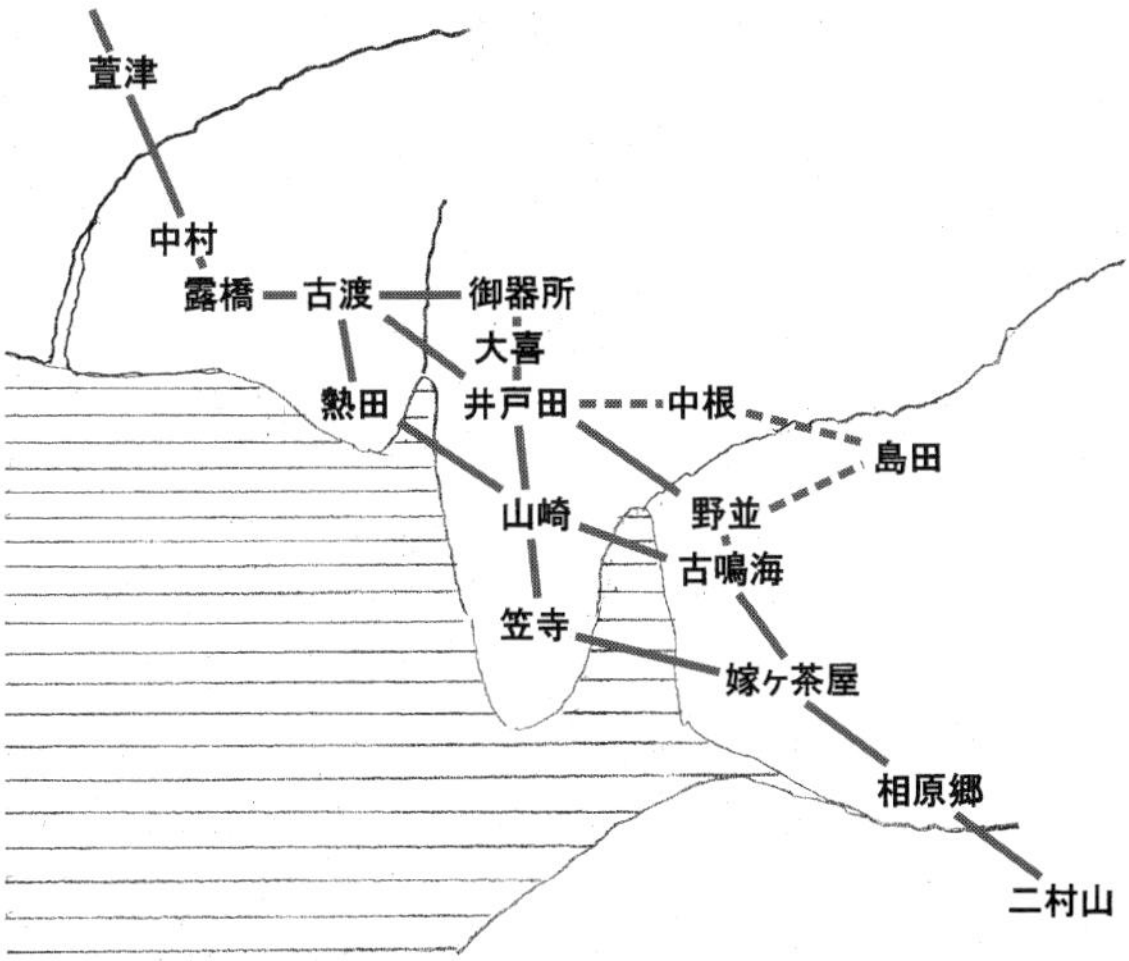

図6　名古屋付近の鎌倉街道ルートの模式図

2　峠への道

相原と宿地

相原付近は、前節で説明した港町以外に宿としての可能性があります。一つ目は、戦国時代に街道が海側の新しい東海道筋に移る時、二度にわたって移動していることです。このため、古鳴海や嫁ヶ茶屋に比べて拠点的な集落であった可能性があります。今の相原郷という地名は、移った後に鳴海宿の相原町と区別して呼ばれるようになったようです。

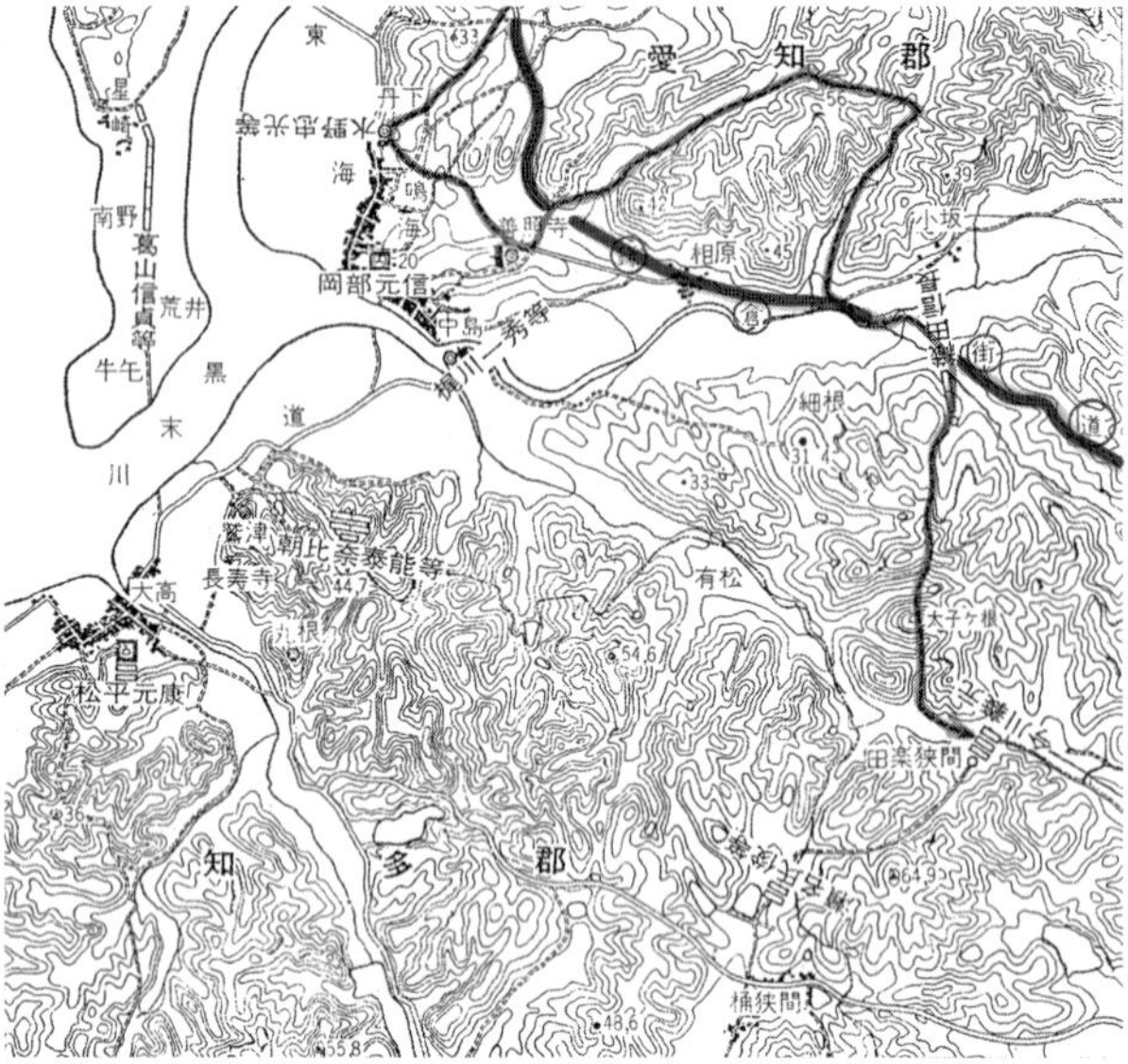

図7　信長の桶狭間戦のルート想定。迂回説による（文献42）

二つ目は、字「宿地」という名前です。街道に接していないようですが、萱津でみたように、鎌倉街道の宿は、近世の宿場とは違って街道から少し離れた土地の長者などの屋敷が利用されました。

三つ目は、二村山への登山口であることです。街道の宿は山に上るところの麓につくられることがあったようです。これらのことからもみても、鳴海の宿は、やはり、ここ相原が、有力な候補地のように思えます。

桶狭間の戦いと鎌倉街道

中世末にあった織田信長と今川義元の桶狭間の戦い。両軍の通過経路の中に鎌倉街道が登場します。今川方は岡崎から沓掛へ。織田方は相原から二村山へ向かった道筋が鎌倉街道です。織田軍が迂回したとする『日本の戦記』の経路では、相原を避けてはいますが、その後は街道を経て桶狭間に向かっています（図7）。一方今川軍は駿河から鎌倉街道を北上し、沓掛城に泊まった後、街道を離れて大高方面に向かったとされています。

おもしろいのはその戦場です。戦いは「桶狭間」と通称されますが、実は「田楽狭間」だったとか、別の「田楽坪」だったともいわれるのです。司馬遼太郎は『国盗り物語』では「正しくは田楽狭間」だといっていますが、『街道をゆく』（43 濃尾参州記）では、「田楽ヶ窪」をにおわせています。この田楽ヶ窪は鎌倉街道を相原から二村山に向かう途中にあり、今は藤田保健衛生大学とその病院が立ち並んでいるところです。ここも桶狭間の戦いのどこかのステージにかかわっていたのでしょうか。

歌枕・二村山

二村山は愛知県東北部の山地から知多半島に延びる尾根上にある小さな丘です。しかし濃尾や三河の大きな平野の平坦な地域を通過してくると、すばらしい眺望の開けた国境に近い峠道で、そこに歌心が動かされたのでしょう。ここは、前に紹介した頼朝の他にも、執権・北条泰時の和歌もあり、また飛鳥井雅経、西行など中世の旅人たちも二村山を詠みました。

近づけば野路のささ原あらわれて
又末かすむ二村の山　泰時

心やはふたむら山を越来ても
君をぞたのむみやこ思えば　雅経

出でながら雲にかくるる月影を
かさねてまつやふたむらのやま　西行

鎌倉街道のルート

相原から二村山への道筋は、大きく見れば一本になります。相原郷

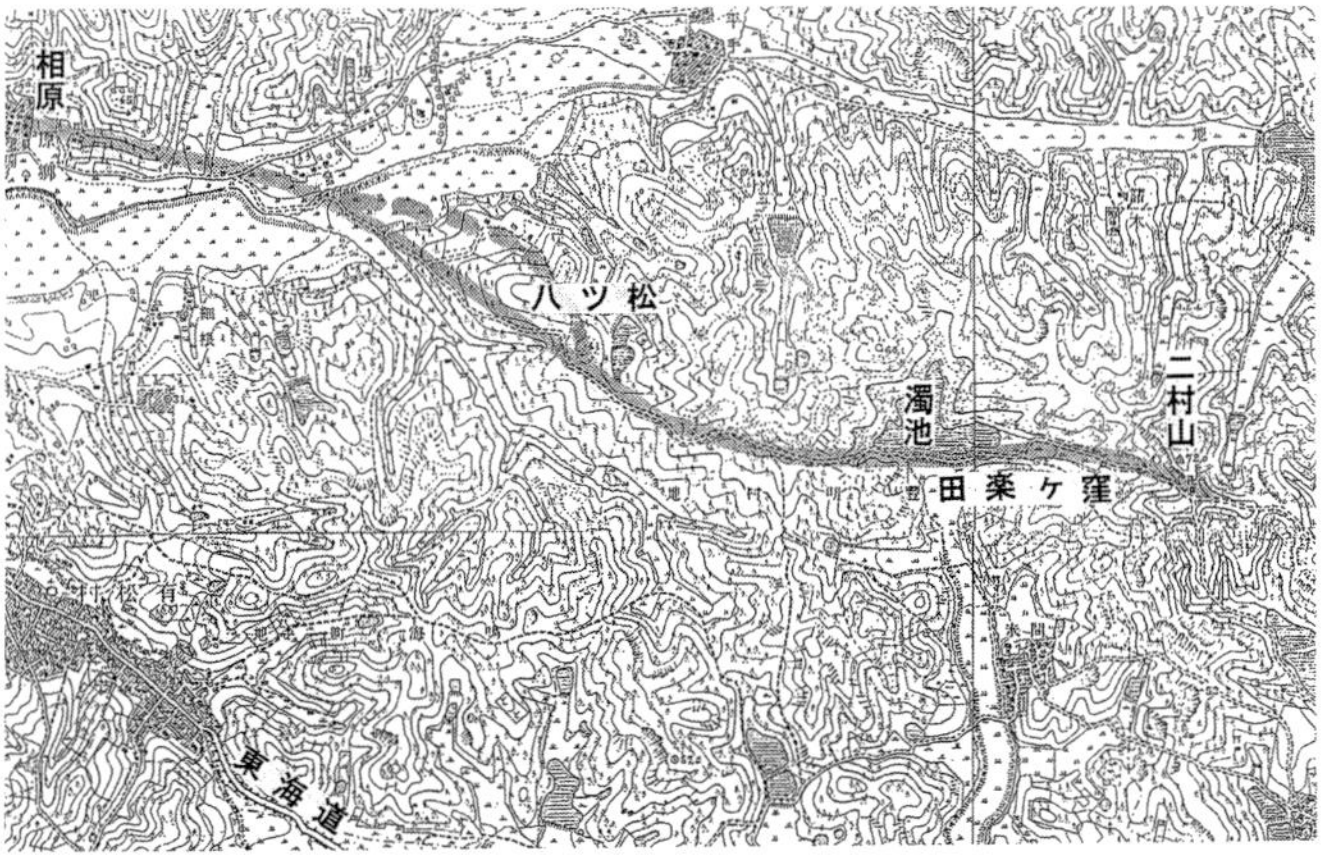

図8　明治時代の相原郷から二村山（明治24年）

の山裾を抜け、諏訪神社の前を通って扇川を渡ります。川の向こうの上り道では、明治時代にもあった旧道を通ったという説と、少し東の八ツ松の蔵王堂前を通ったという説があります（図8）。後者には、途中に江戸時代まで義経甲掛松が残っていたといいます。二つのルートは少し行って合流し、ピークを越えます。平坦になった田楽ヶ窪を通り抜けるとわずかな上りで二村山の峠です。

後山墓地東南付近から相原郷遠望

諏訪神社。この境内を鎌倉街道が横切っていたとされる

改修された扇川。昔はこの付近まで水運があったのか

3　鎌倉街道をさがす⑪　…　市バス緑高校停から

それでは前節で街道歩きの終点とした相原郷の入口から二村山を目指して歩いてみましょう。地下鉄鳴子北駅からならば市バスで緑高校停を下車します。鳴海の宿の候補とした相原の「宿地」はバス停西の南側です。さて、信号を北に、坂を上ります。はじめの辻が前節の終点だった所で、ここで右に曲がります。

道は浄蓮寺に向かって進み、寺の裏を通過しています。この寺は桶狭間の戦いの後、今川義元の家来が出家して建立しました。戦国時代の末にここに移ったといいます。街道跡は寺の東から小道をたどります。おもしろいのは寺の東の駐車場を抜ける所で、昔の道のルートがブロックを埋め込んで残してあります。街道跡といわれる道はそこを抜けて段を降り、左・右と細い道を辿ってバス通りに出ます。本物の鎌倉街道にはこのような屈曲は考えられませんが、今ではこのような道を歩くと古道らしさを感じるのでしょうか。

進むと目の前には諏訪神社の森が現れ、正面に境内への歩道があります。この付近も街道跡といわれる所で、中を進むと左手に神社の社殿があります。この神社は平安時代の創建とされ、鳴海で一、二を競う神社でした。境内を出ると旧道が消えるので右に行き幹線道路に出ます。東に少し行くと斜めの細い旧道が残り、その入口には庚申堂がひっそりと建

濁池の堤防。街道は正面左の二村山に向かった

林の中を進むと、最後にわずかな上りで峠に出る

二村山の地蔵堂。左側の石像の裏に「大堂二年」とある

っています。右に新道に戻ると、その先は扇川の河川の変動でしばらく旧道は残りません。第二環状線の高架道路の下を通り、鴻仏目の交差点を右に曲がって扇川に架かる砂田橋を渡ります。扇川は、昔は蛇行していましたが今は改修されてまっすぐになりました。

砂田橋を渡って東の二本目の道が旧道のようです。ここから先の左手は八ツ松で、街道跡の候補には前に述べたように旧道説と蔵王堂説がありますが、蔵王堂へのルートは区画整理で大きく変っています。少し先で合流するのでここではそのまま旧道を進むことにします。

旧道は徐々に上り始めます。左手は宅地化が進行中で、右手は完全に住宅地に変わっています。信号の交差点を過ぎて少し行くと右手に学校が見えます。この学校は「鎌倉台中学」といい、鎌倉街道が通っていたことを後々まで残そうということで校名が選ばれました。校門にはその説明の碑があります。ここで道は先ほどの蔵王堂を通った道と合流し、左手には宅地化の進む合間から市街が見渡せます。やがて再び上り始め、しばらく行くとなだらかになります。右が競馬場の厩舎の塀になり、続いて駐車場になります。ここは名古屋市と豊明市の市境です。道のピークに上りきると左右が開け、右には遠くの競馬場の建物が大きく見え、左には市街が広がります。

ピークを過ぎると道は下りの山道になって愛知用水を渡ります。車が通らなければ…という林の中を抜けて濁池に出ると、正面には藤田保健衛生大学の巨大なビル群があります。池はため池で鎌倉街道の頃にはなく、池の底が道だったのでしょう。この先二村山手前までの窪地が桶狭間の戦いに関わったかもしれないという田楽ヶ窪という地名の所になります。

池を通り過ぎると街道は道路と分かれて左手に進みます。街道はまっすぐ二村山に向かっていますが、今は通れないので、大学病院の中に入って道を選んで病院の前に出ます。そして病院東側の駐車場の北側を通って大学の立体駐車場の方向に進んでバス通りを渡ります。少し奥に行った駐車場のゲートの所で左の建物の裏にまわると、二村山への旧道が通っています。木々に囲まれて細くまっすぐな、いかにも街道の跡という道を進むと七、八分でしょうか。「鎌倉街道」という石碑の立つ二村山の峠に飛び出します。

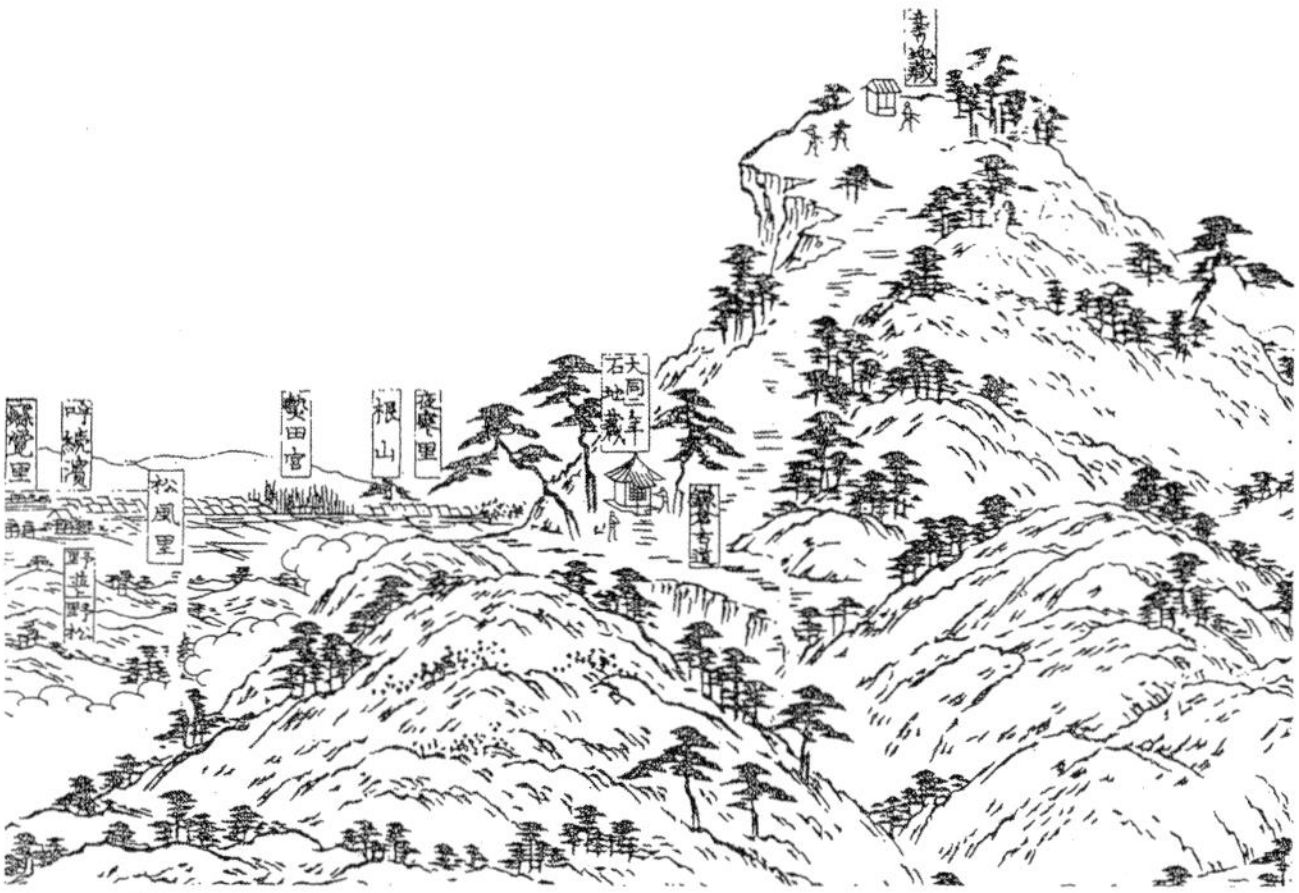

図9　『小治田真清水』に見える二村山と峠（部分）

　峠は平坦で、左奥に地蔵堂があります。中には三体の地蔵菩薩がありますが、左側の頭部が欠けた石像には後ろに「大同二年（八〇七）」と刻銘があるといい、最も古いものです。峠地蔵とか身代り地蔵と呼ばれており、身代り地蔵とは平安時代の末にこの地域を拠点としていた大盗賊・熊坂長範が旅人を斬ったと思ったら地蔵だったという逸話によるものです。

　その横から二村山の頂上への道があり、頂上には上半身と下半身の分かれた袈裟切り地蔵があります。大きな木が茂って一部の方向にしか視界はありませんが、当時は三河の山々からあゆち潟、濃尾平野の向こうまで望めた景勝の地でした（図9）。今は奥に展望台がつくられており、それを上ると名古屋市街から三河地方まで三百六十度の展望を楽しむことができます。帰路は、峠から往路の逆に藤田保健衛生大学の前まで戻ると、いくつもの方向にバスが出ています。

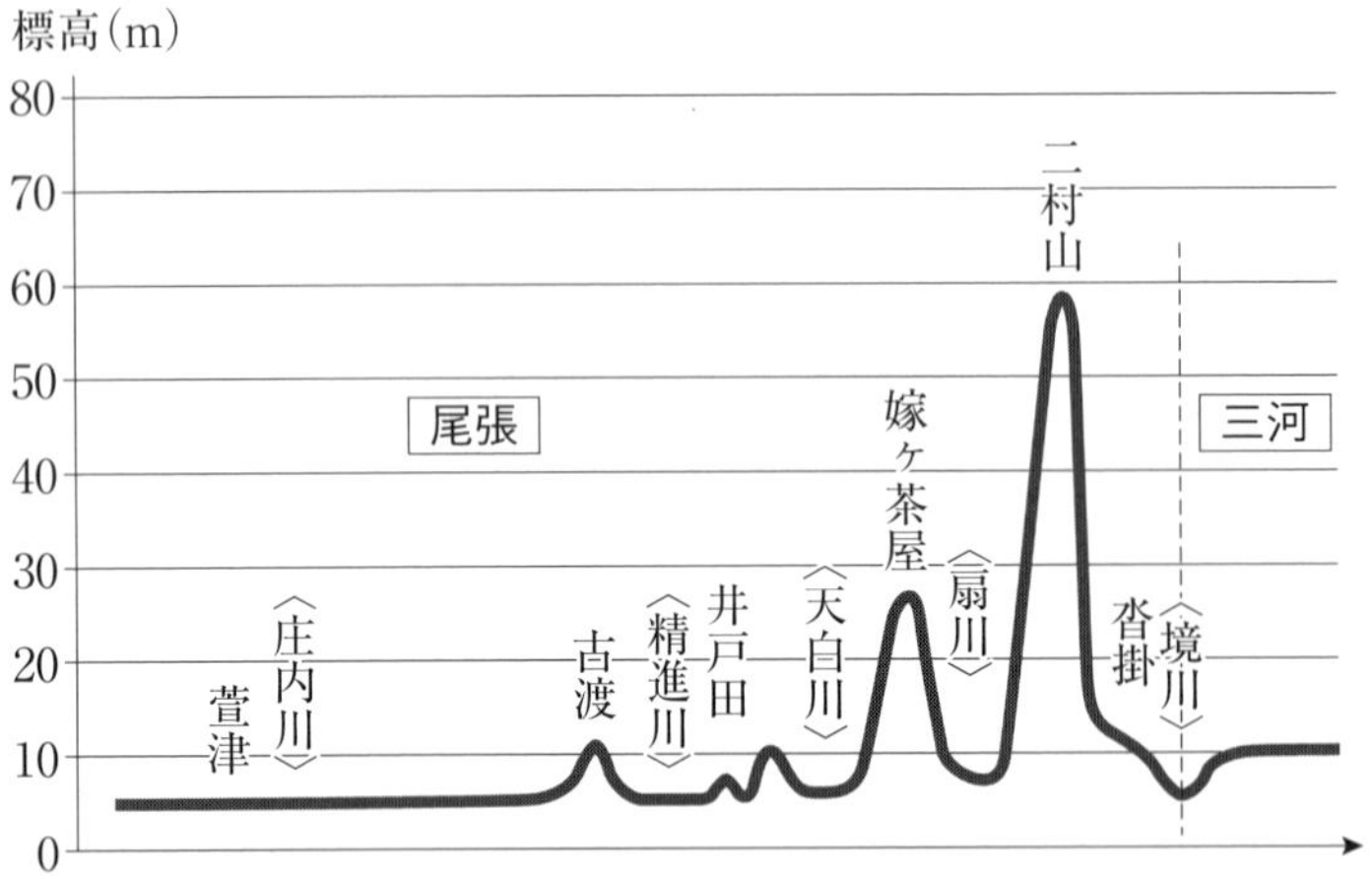

図10　濃尾平野から二村山への街道の上下。標高60mでも高かった

4　ロマンの峠道

これまで辿ってきた鎌倉街道の標高を振り返ってみましょう。濃尾平野は標高〇〜十メートルくらい。熱田台地も笠寺台地も十メートルくらいの高さでしょう。少し進んで鳴海丘陵の入口、一番高かった嫁ヶ茶屋付近でも三十メートルくらいです。そこからいったん五〜十メートルくらいの相原郷に下って、二村山の峠の六十メートルまでの上りでした。歩いていても上ったなという実感があります（図10）。そこに伊勢・三河から尾張・美濃と展望があって、濃尾平野の長い街道を歩いて来た人にはちょっとした感動があったように思えます。

逆に東の三河方面から峠に上っても、岡崎から西は二村山まで台地がつづいています。このため、やはりこの峠は、濃尾平野を展望する意味でも印象が大きかったのではないでしょうか。

もちろん良いことばかりではありません。天候や盗賊に合う危険性などの緊張感もあったでしょう。

二村山は国の境ではありませんでしたが、来し方には尾張の国、行く方には三河の国が望め、当時は強かった国境のイメージが重なったと考えられます。そして、二村という語感も加わ

参考　本節で紹介したルート

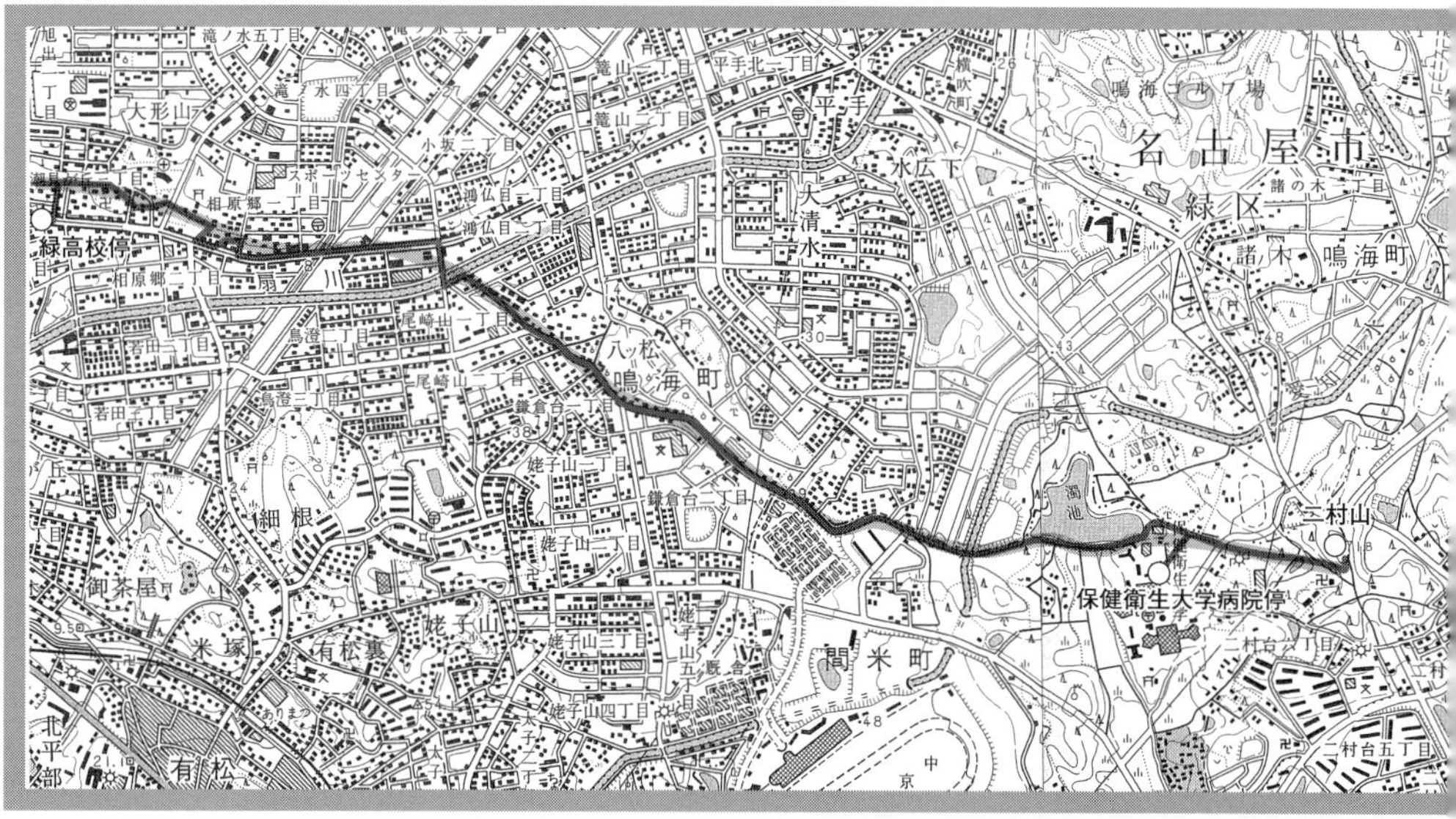

って、二村山は中世のロマンの地として、歌に詠い継がれてきたのではないでしょうか。

12 沓掛の宿

二村山から沓掛

1 古代東海道の駅

十世紀の法令細則だった『延喜式』の中には、当時の駅路の「駅家《うまや》」の一覧が出ています。第二十八条の諸国駅伝馬条には、全国五畿七道の駅名と備えるべき駅馬、伝馬の数が記載されており、尾張国は、

馬津、新溝、両村　各十疋

となっています。

この古代東海道の尾張国の三つの駅については、その位置をめぐってさまざまな議論があります。が、その中でおおよその位置が絞られているのは三番目の両村になります。おそらく古代の『更級日記』の記述も影響しており、中世の二村山やその南の八橋との関連もあってか、豊明市内、江戸時代には沓掛村と呼ばれた地域にあったとされているのです。

名古屋の鎌倉街道をさがす旅は、西北の萱津を出て、古渡、鳴海を経て東南の二村山に上りました。そして最後に目指すのは、この古代の駅跡ともされる沓掛の地になります。

2　両村から二村山へ

山田郡

古代道路の両村駅の位置を巡る議論の中に出てくるのが「山田郡」です。山田郡とは、名古屋の北から東、南と取り囲むように、古代から中世の終わり頃まで存在したとされる郡です。ところがその後、戦国時代になって理由は不明ですが廃郡になり、愛智郡と春部郡に分割配属されているのです。

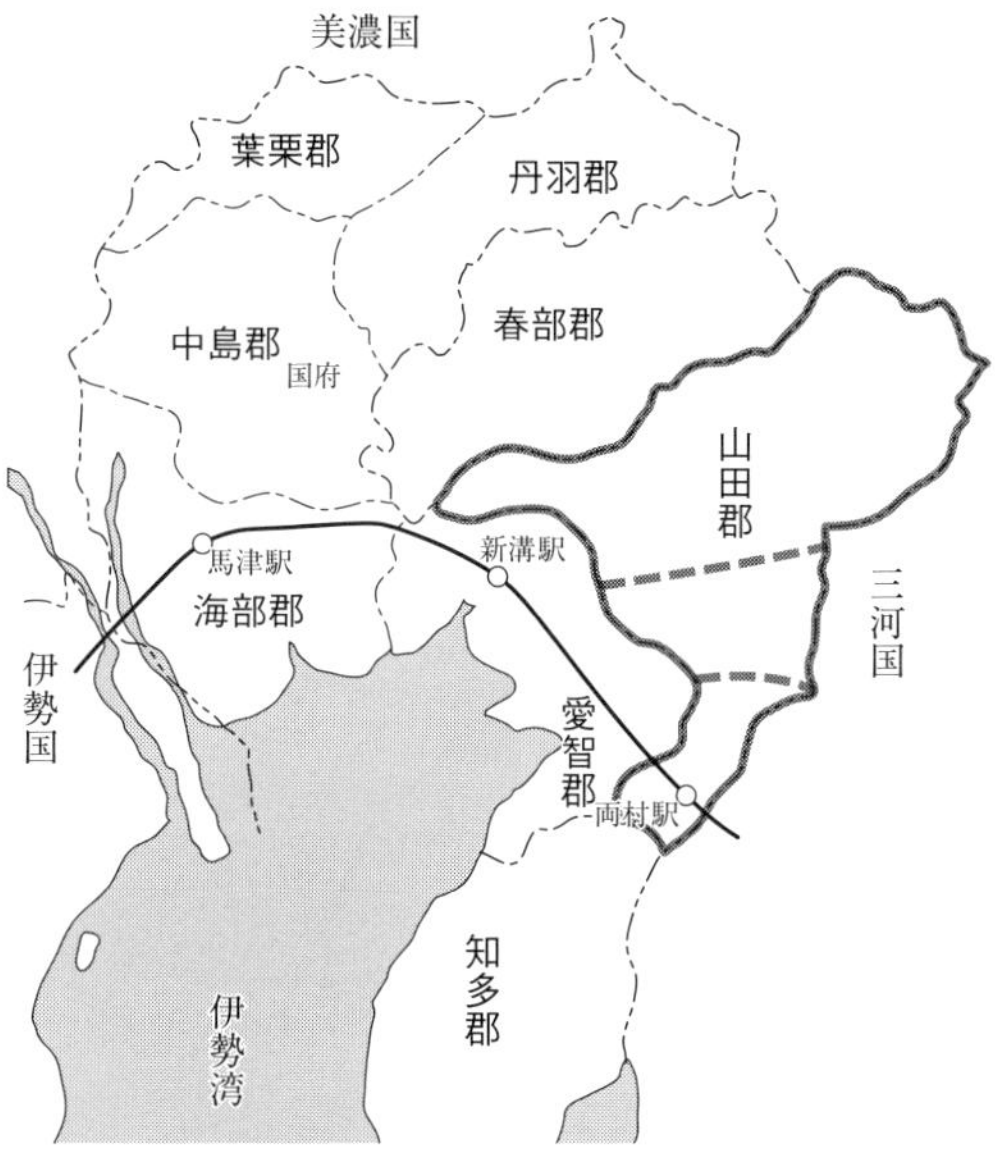

図11　中世以前の山田郡とその郡域のいくつかの想定（破線など）

この区域が問題となってくるのは、古代道路の駅家位置です。文献では、ひとつは十世紀の『和名抄』に、山田郡の中に、「駅家郷」とともに「両村郷」が記載されています。一方、同じ十世紀の『延喜式』にはさきほど紹介しましたが、各郡に一つずつ駅家があったとすると、山田郡に「両村駅」があったと考えられます。従ってこの二つから、「山田郡には（両村駅という）駅家があった」とも読み取れるのです。

ところが山田郡の範囲については諸説あって定まりません。なかでも議論されるのは、その南側を東郷町付近までで押さえるか、豊明市付近まで広げるかそれとも知多郡の境まで広げるかです（図11）。このことは両村駅の位置決定に大きな問題になっています。鎌

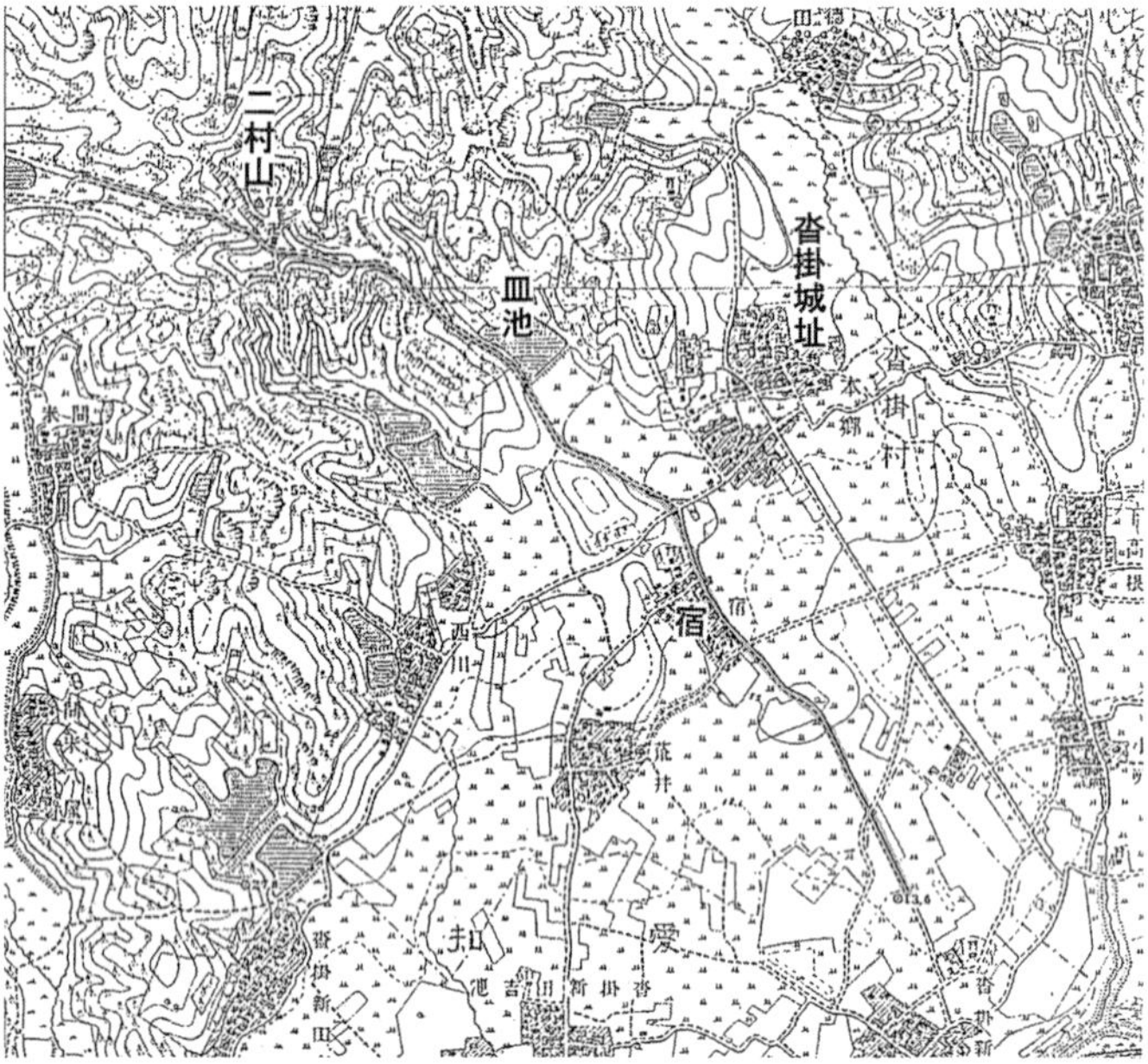

図12　明治時代の二村山から沓掛付近（明治24年）

倉街道は中世の道ですからそのような議論の枠外ではありますが、古代道路が鎌倉街道に変わっていったとすれば、気になる問題です。

両村と二村

両村の位置を、沓掛村の付近とするのは、中世二村山との関係が大きいと考えられます。『更級日記』のように、十一世紀に「ふたむらの山」とあって、古代から中世への連続性も考えられるからです。古代に「両村」と呼ばれていた地域の丘陵が「ふたむらの山」になり、「二村山」に変わったというのが今日の通説になったと考えられます。

沓掛と宿

沓掛というのは、一般には街道の峠の上り口で道中の安全を願って沓を掛けたところといいます。この沓掛は、古く在原業平が沓を掛けてある風情をおもしろく思って「沓掛」といったということから村名になったのだとされます。室町時代には、沓掛はすでに郷の名になっており、中世の間に両村から沓掛に変わったようです。

この沓掛には「宿」という字《あざ》が、現在も残ります。鎌倉時代末の『実暁記』等に紹介される、京・鎌倉六十三宿の中の、「鳴海—五十丁—沓掛—五十丁—八橋」の中の沓掛とされるところはこの沓掛村字宿だったと考えられているのです。

鎌倉街道のルート

二村山の峠から街道は東に向かっています。皿池の横を通り、緩やかに東南に向きを変えて字十王堂を過ぎます（図12）。山を下って宿の集落横に出ると、そこからは、江戸時代の『尾張名所図会』が描くように、平坦な道を、青木地蔵、十三塚を通って境川を渡り三河の国に入っています（図13）。

図13　『尾張名所図会』に見える南側から見た「二村山」

3　鎌倉街道をさがす⑫　…　保健衛生大学病院バス停から

それでは二村山の峠から沓掛に向けて歩いてみましょう。二村の峠には、前節と同様、保健衛生大学病院バス停から東に十五分弱になります。

さて、峠から先の道は車道になっており、それを伝って行くと、小峠と呼ばれる所から下りになり住宅街に突き当たります。左に曲がって少し下るとバス通りで、右に下ると皿池の交差点があります。峠からの街道はこの付近を通って東南に進んだようです。皿池の上の辺りは、古代はマヤド（馬宿？）という地名だったため、この辺りが駅家では…と言う説もあります（文献9）。左に皿池を見てバス道を下ると若宮の交差点に出ます。この交差点から西南の地域は十王堂という字で、鎌倉時代にはそのお堂もあったようですが、江戸時代には名のみになりました。街道は道路の西の山側を通っていたようですが、今では竹やぶの中で出口に石仏がまつられています。

ここからは少し寄り道になりますが、沓掛城址に寄ってみましょう。交差点の次の道を左に入ると、道なりに進んで六百メートルほどで沓掛城の跡になります。この城は桶狭間の戦いのとき、戦いの前日に今川義元が泊まったとされることで有名になりました。発掘調査されており、今では堀などが復元された公園として整備

峠は、今は広場になっている

皿池付近。古代道路の駅家があったという説もある

沓掛城址。今川義元が桶狭間戦の前夜泊まったという

されています。帰路は少し南に廻り、付近の寺社を回りつつ街道に戻ります。

沓掛の交差点を渡ると、街道は右斜めの旧道に入ります。この辺りから右側が、字「宿」の集落になります。ここの宿も、街道は宿の中を通らず、萱津や鳴海と同じようなつながりになっています。旧道に入るとすぐ右に鹿島神社があります。この社は、昔は川島天神という式内社（山田郡内）で、「かわしま」の「わ」が取れて鹿島神社になったとされます。ここには沓掛の命名のときに触れた在原業平の歌があります。

あひ見ては　心ひとつをかわしまの
水の流れて　絶えじとぞ思ふ
業平

鹿島神社の入口にある業平の歌碑

幹線道路を越えると、道は境川へとつづいている

と、二つに分かれてもまた合流することになる川の中の島を、人の心にたとえて詠みました。この歌は『伊勢物語』の二十二段で物語の一部を構成していますが、地元では、この地の女を愛し、離別に際して再会を約して詠んだ歌と説明されています。

街道は宿の東側の旧道を進み、Y字路を左にとります。消防署に突き当たりますが左に迂回して、幹線道路の信号を渡ります。その先は視界が大きく開けます。

すぐ左に大きな楠があり、その元に地蔵仏がまつられています。これは青木地蔵とされるものですが、元の地蔵仏は移転され代替仏がまつられているようです。そこから先は、尾張、三河国境の境川に向けて田の中を一本の道が延びています。境川を渡ると碧海の台地に出て、次の宿である野路の宿・八橋に向かいます。消防署の所で交差する県道を西南に七百メートルほど行くと名鉄バス停（中央公園）があります。

最近推定された古代道路駅家（二村駅）跡とされる行者堂

4　発見された駅家跡

昭和三十七年、沓掛の交差点から一・五キロほど東の、沓掛村字上高根の行者堂の敷地内から軒丸瓦等の破片が採集されました。そしてその後、平成十年の調査で、そこは古代の駅家の跡と推定されるようになりました（文献48）。当時の建物の中で瓦ぶきだったのは役所（駅家を含む）と寺院だけだったのです。

推定の根拠とされるところはいくつかありますが、簡単にして列挙すれば、

①瓦の形式は平城京型に近似する
②近国には例がなく、山陽道の駅家で使われている
③付近に古代寺院の伝承はなく、寺としては規模も小さい
④境川から上がった段丘上の好立地点になる

⑤おおよそ古代道路の経路上に想定できる　等でしょうか。

そして古代東海道のルートを、境川付近から、中世の鎌倉街道ルートよりやや東に振って、「高根―白土―平針」というルートを提案しています（図14）。この論からいえば、古代の街道は鎌倉街道とはちがって白土付近を通っており、十世紀頃から徐々に西側の二村山越えに替わっていったということになるのでしょう。白土付近を古代道路が通ったという推定は他にもあります。

鎌倉街道は、当然、前身の古代東海道を変更しながら歩かれてきました。この本で取り上げた名古屋付近でも、いくつもの古代道路の影に出会いました。そして御器所付近で消えた古代道路跡は、鎌倉街道より東の山

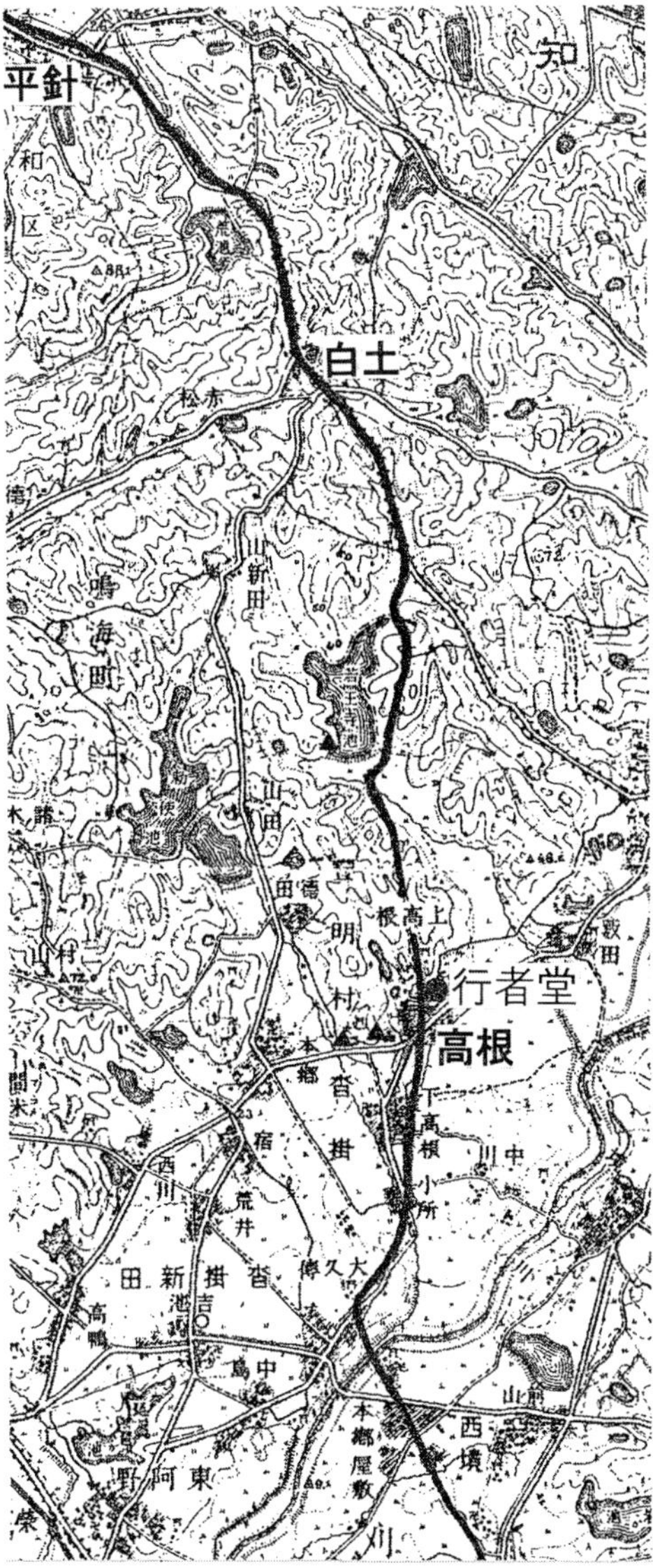

図14　論文の著者、梶山氏の想定した「両村駅」と前後の古代道路ルート（文献48）

参考　本節で紹介したルート

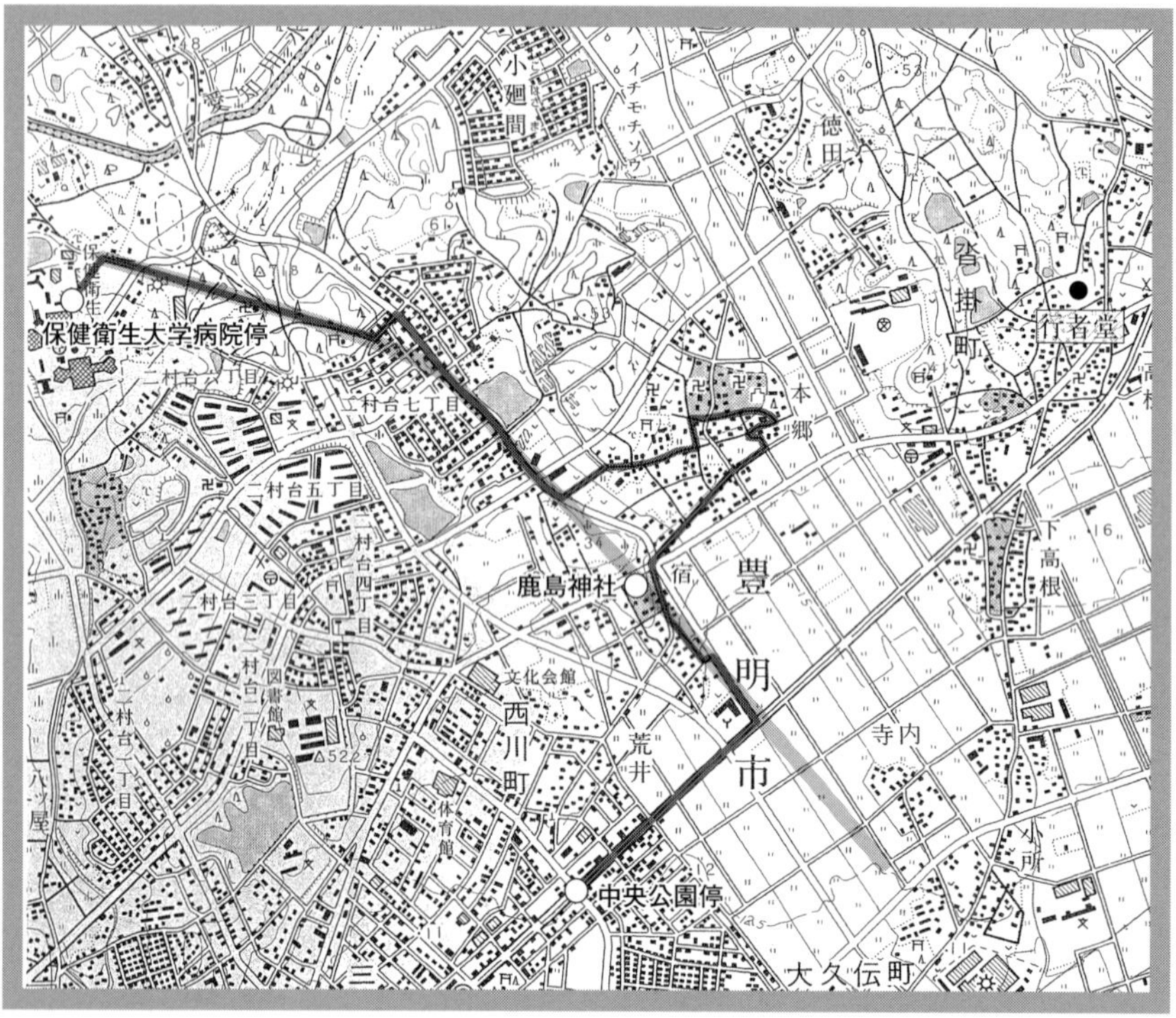

側を進んでいたと考えれば、白土、平針経由の道は納得できます。また、江戸時代の東海道はさらに西に移っていったというのも自然な流れのようです。

街道は、少しずつ変わりながら、しかし連続しています。序章で紹介した古代から現代までの五本の東海道も、時代とともに状況に合わせて変化してきたのでしょう。

終章

街道の終着地

——東国の拠点・鎌倉へ——

この本のテーマである、鎌倉街道。京の都から名古屋を通り、はるばる海岸沿いを東に向かった道の終点は、要害都市・鎌倉です。

鎌倉の入口は、初期は海岸線を辿ったようですが、順次「切通し」と呼ばれる掘割ができ、そこが入口になりました。

なごやの鎌倉街道探策の旅。本章では、その最後として、この終着地鎌倉を、切通しを通って鎌倉幕府のあった大倉の地へと歩いてみたいと思います。

鎌倉の地

切通しを越えて

1 往還の終点へ

鎌倉は、三方を山に、残りを海に囲まれた要害の地です。古代には海岸線や谷間を抜けて三浦半島に、さらには海を渡り房総半島へと抜ける古道が通っていたようです。源氏との関わりは頼朝の曽祖父頼義の頃からで、祖父義家がそこを東国の拠点としました。頼朝は一一九二年、征夷大将軍に任じられると、京ではなくここ鎌倉で幕府を開いたのです。

幕府が置かれた鎌倉の地は、周囲を取り囲んでいる山の尾根に「切岸《きりきし》」と呼ぶ崖をつくって通れないようにしました。一方、峠道は掘り下げて「切通し《きりとお》」と呼ぶ狭い通路とすることによって、防備の拠点としていたようです。このため外部との交通は、海岸線といくつかの切通しに絞られることになりました。京からはるばる東海道を辿った旅人は、潮が足元を洗う海岸線か、狭い切通しを越えて幕府のある鎌倉の地に入ることになりました。

2 鎌倉の街

鎌倉の幕府と街路

鎌倉の地図を見ると中央にまっすぐな南北の道路が目に入ります（図1）。若宮大路といい、鎌倉時代に造られた鶴岡八幡宮の参道です。古くは若宮があったためその名が残りました。

図1　要害の地・鎌倉（文献44）

鎌倉幕府の位置は、一一八〇年、富士川の戦いに勝った頼朝が、八幡宮の横の大倉の地に拠点を定めたことに始まります。一一九二年からしばらくは、そこが大倉御所と呼ばれて日本の政治の中心地でした。そして頼朝の墓もその奥につくられています（図2）。しかし北条政権に変わると幕府はその南に移され、若宮大通の東の南北の通り、小町大路に沿って幾度か動くことになりました。行政を司った政所などもこの小町大路に面していたため、中央の若宮大路はシンボルの参道となり、政治・行政はこの小町大路を中心におこなわれたようです。

鎌倉の街路は、地形の制約もあって、平安京のような碁盤割にはなりませんでした。初期は幕府の前の東西の通りが中心だったようですが、次第に縦横の道ができ、南北には先ほどの若宮大路を中心に東に小町大路、西に今大路が。また東西には、北に大倉御所が面した横大路、南は下馬を

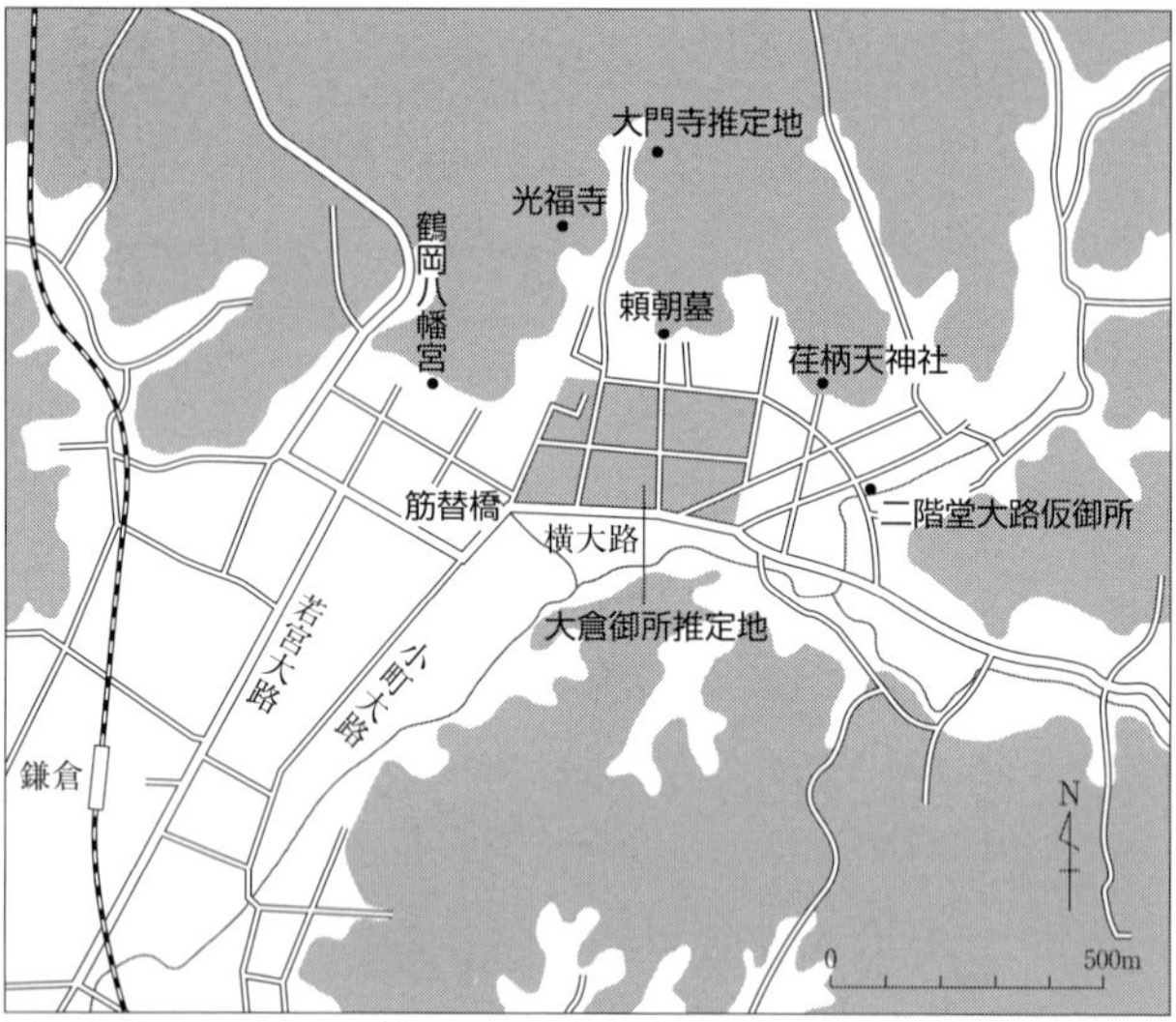

図2　鎌倉幕府の位置と小町大路（文献44）

通る大町大路、その南には車大路ができるなど次第に整っていきました。

街道と切通し

鎌倉が外部とつながるのは海岸線と切通しです。始めは海岸線や峠道でしたが、幕府の成立と共に順次切通しが整備されたようです。主な切通しは七つとされ、京や東国各地への鎌倉街道につながっていました（図3）。これらは、通説では、

・極楽寺坂切通　→　東海道→京　方面
・大仏坂切通　→　上の道→上越方面
・化粧坂切通　→　上の道→上越方面
・亀ヶ谷切通　→　中の道→奥州方面
・巨福呂坂切通　→　中の道→奥州方面
・朝比奈切通　→　下の道→常磐方面
・名越切通　→　三浦道→房総方面

となるようです。

東海道の終着地

京から東海道を辿った鎌倉街道は、最初は海岸の険しい稲村ヶ崎を廻っていました。そして十三世紀、その山の手に成就院や極楽寺が開かれた頃には今日残る極楽寺坂の切通しが広く利用されるようになりました。

この中世の東海道が通った海岸線や切通しには、当時のいくつもの物語が残されています。

初期では義経の「腰越状」でしょうか。壇ノ浦の戦いで平家を滅ぼした義経が、その戦果を頼朝に報告するために訪れた鎌倉は、ここを通さず、すぐ西の腰越で待機させられました。そこで義経から有名な「腰越状」が出されたのです。

…義経犯す事なふして、咎を蒙り、誤りなしといへ共、功有りて御勘気を蒙るの間、空しく紅涙に沈む、…

『義経記』

と。しかしこの悲痛な叫びは結局認められず、京に戻され、その後の義経の悲劇が始まったのです。

また中頃では、この道は宗教家・日蓮が処刑場に送られた道でもありました。幕府への批判で捕まった日蓮はこの道を刑場に送られました。しかし、刑場での打ち首の、まさにその時に落雷があり、これが死罪から流罪への変更につながって、日蓮の奇跡とされるようになり

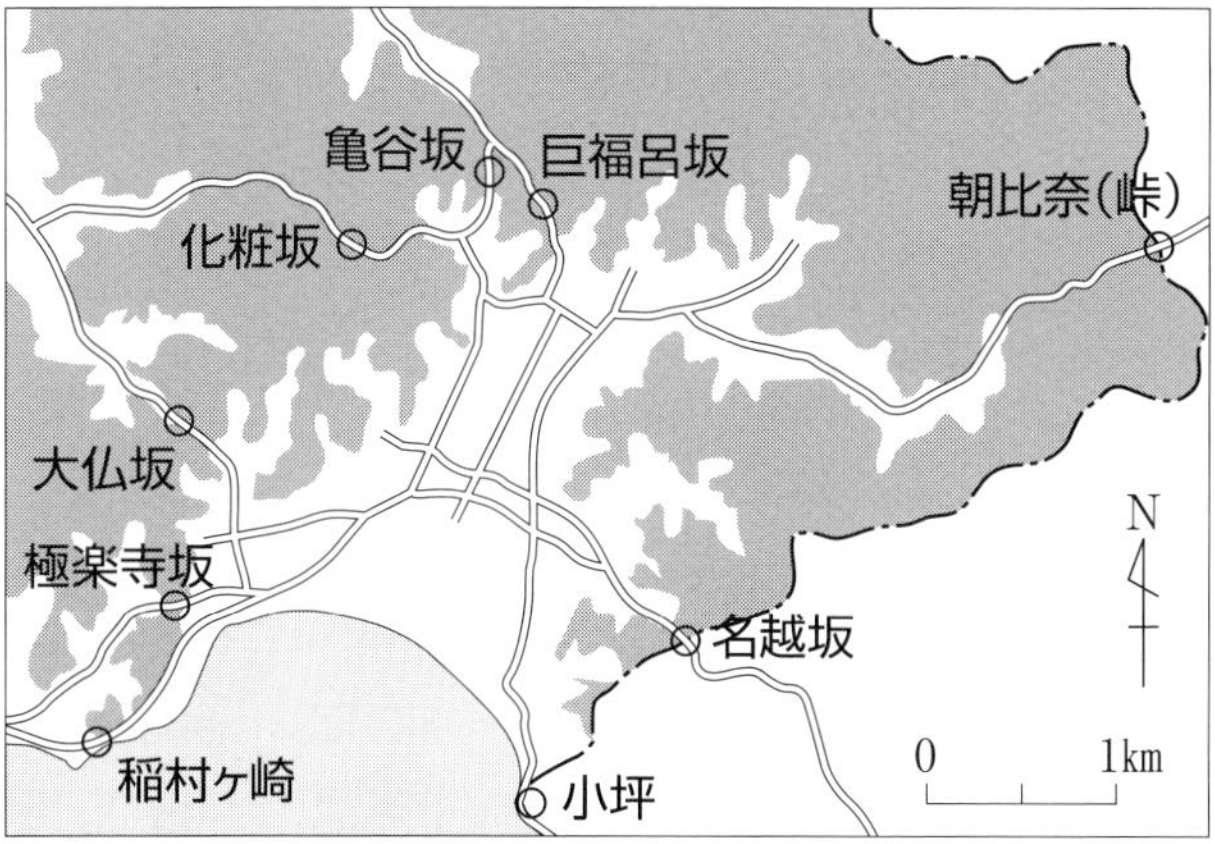

図3　鎌倉七口ともいわれる7つの切通し（文献44）

ました。

そして幕府の終わりの頃には、新田義貞の通過があります。倒幕のため鎌倉街道・上の道を南下した義貞は、北からは攻めあぐねて西側のこの極楽寺坂を攻めました。しかしここも攻めきれず、少し西に引いた後、稲村ヶ崎に宝剣を投じて潮を抑え、鎌倉に侵入したのです。

この付近には、前に紹介した『十六夜日記』の作者、阿仏尼が寂しく住んでいたとされるなど、京と幕府を結ぶ中世の重要な街道筋として、いくつもの物語がありました。

右に稲村ヶ岬。左の凹みは新たに開削された国道

極楽寺坂切通し。右に成就院に上がる坂が見える

3　鎌倉の鎌倉街道
：江ノ電稲村ヶ崎駅から

それでは、鎌倉街道の最終区間、稲村ヶ崎から極楽寺坂切通を通って、初期鎌倉幕府があった大倉の地へと歩いてみましょう。

稲村ヶ崎から

東海道線の藤沢駅を降りて、江ノ島電鉄、通称「江ノ電」に乗ります。江ノ島駅を過ぎると電車は海岸線を走り、すぐ腰越駅です。義経が鎌倉入りを拒否・待機を余儀なくされたのは、そして日蓮の奇跡が起こった刑場があったのは、この付近でしょうか。

さて電車をその先の稲村ヶ崎駅で降り、海岸に出ます。目の前には七里ヶ浜が広がり、左手は稲村ヶ崎です。鎌倉時代初期の旅人も、幕府を倒した新田義貞も、この岬の先を通りました。見れば太平洋の荒波が打ち寄せ、とても通過できるようには見えません。公園の入口には、その新田義貞の碑が建っています。現在は、岬の左手の山が大きく削られて国道が通ります。

若宮大路にある鶴岡八幡宮の二の鳥居

若宮大路の1本東の「小町大路」。当時はこの通りが主だった

極楽寺の切通しに向かう道はその左の山手です。岬の公園からすこしバックした「駅入口」の信号を北に入ります。少し行くと右側に新田義貞の倒幕戦で亡くなった大将以下十一人の塚があります。すぐ先の江ノ電を渡ると左手には日蓮袈裟掛松跡の碑があります。ここは刑場に送られる途中の日蓮が、袈裟を近くの松に掛けた場所とされます。再び江ノ電を渡って車の多い細い峠道を上ると江ノ電の極楽寺駅です。その線路の向こうには極楽寺が見えます。一二五九年、社会事業に尽くした忍性が開きました。当時は、裏手の小学校を含む大きな寺だったとされま

初期の大倉御所跡の奥にある頼朝の墓地

大銀杏が倒れる前の鶴岡八幡宮

す。
　坂を上りきると、その先には大きな切通しが見えます。ただこの切通しは明治以降に掘り下げられたもので、当時は、右手の成就院の参道の坂を上り、寺の前の峠（切通し?）を越えたのかもしれません。寺の坂を上ると、右に一二一九年建立という成就院があり、坂を上った向こうには材木座海岸から三浦半島へと続く緑の帯が見渡せます。

大倉御所跡へ

　今ではアジサイの名所になっている成就院の階段を下り車道に出ます。そのまま緩やかな坂を下ると由比ヶ浜の交差点です。この辺りには当時は海岸が入りこんでいたようで、旧道は左の山側ようです。江ノ電の線路を越えると長谷寺や鎌倉大仏へと分かれる道の交差点です。そこで道を東にとると、処刑場の跡という六地蔵があり、それを越えると若宮大路の下馬の交差点に出ます。昔はこの道を横切る時は下馬したのが名の起こりとされます。

　東側の小町大路に移る前に、少し若宮大路を歩いてみましょう。海岸までつづいていたこの若宮大路は、南に少し行った所に昔の海岸線にあった浜の島居跡が見つかっています。北に通りを若宮八幡宮に向かうとすぐ高架のＪＲ横須賀線で、その向こうは鎌倉駅です。広い通りを進むと二の鳥居があり、ここからは道路の中央に「檀葛（だんかずら）」とよばれる石積みの道があります。頼朝が政子の出産の時、皆で積み上げたのが最初とされます。そこで、その先にある若宮八幡宮を遥拝した後、すこし戻って東の道に入ります。

東に二百メートルほど行って突き当たった南北の道が小町大路です。大路といっても車がすれ違えないような細い道です。左に曲がってすぐの一角に、日蓮辻説法跡の碑が立っています。日蓮が宗教家としての第一歩を記した地点です。小町大路の左側には、当時は幕府や政所、北条家などが並んでいました。

左から鶴岡八幡宮の前の道が合流する所で道幅が広くなります。次の信号を道なりに右に曲がると、その東北一帯が大倉御所跡になります。東へは金沢や二階堂へと続く幕府初期の幹線道です。三百メートルほど行って左に、御所の跡に入ります。まっすぐ進むと突き当たりが神社になっています。急な階段を上ると、正面に頼朝の墓があります。江戸時代に移されたものではないかという説もあるようですが、幕府から遠く鎌倉の街を見渡すことの出来るこの場所は、頼朝の墓地にふさわしい所のような気がします。引き返して御所跡を出ます。東西の広い通りをまっすぐ西に進むと、鶴岡八幡宮に入ります。先年、風で倒れたいちょうの木は、見事に若芽を出していました。

4　鎌倉街道の終焉

鎌倉街道、京・鎌倉往還は、鎌倉時代だけの街道ではありません。室町時代になっても鎌倉の地は東国を押さえる拠点として、重要な役割が与えられることになりました。何よりも、その頃には東国は、経済上も文化上も無視できない存在に成長していたのです。もちろん人々の交流も進みました。この鎌倉と京を結ぶ街道は、国土の東西交流という重要な意味が出てきたのです。

参考　本節で紹介したルート

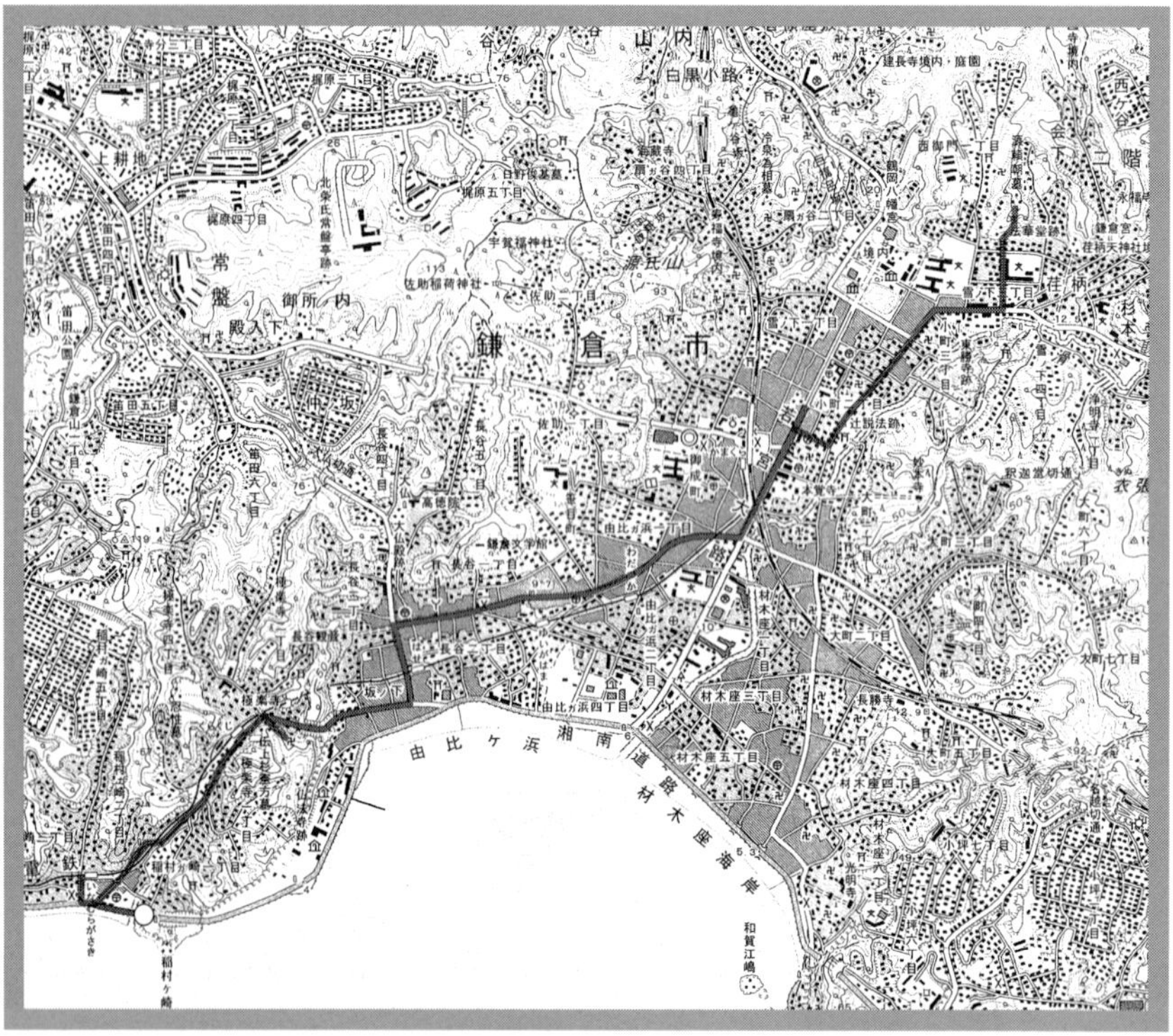

そして街道は戦国時代まで続き、徳川家康が拠点を江戸に移し、一六〇一年に近世の新しい東海道や中山道の一部に取り込まれて、鎌倉街道は終焉を迎えることになりました。

参考文献

この本をつくるにあたっては、様々な文献・資料のお世話のなりました。改めて感謝するとともに、その主なものを次に記させていただきます。また、多くの関連するホームページも参考にさせていただきました。

〈交通史関係〉

1豊田・児玉編『体系日本史叢書 交通史』山川出版社、一九七〇
2児玉幸多編『日本交通史』吉川弘文館、一九九二
3荒井他編『日本史小百科・交通』東京堂出版、二〇〇一
4古代道路研究会編『日本古代道路事典』八木書店、二〇〇四
5木下良『道と駅』大巧社、一九九八
6森・門脇編『旅の古代史』大巧社、一九九九
7新城常三『鎌倉時代の交通』吉川弘文館、一九六七
8阿部正彦『鎌倉街道（東京編）』そしえて、一九八三
9武田勇『三河古道と鎌倉街道』自費、一九七六
10尾藤卓男『鎌倉古道幾山河』自費、一九八五
11尾藤卓男『平安鎌倉古道』愛知県郷土資料刊行会、一九九七
12榎原雅治『中世の東海道をゆく』中公新書、二〇〇八
13大野一英『名古屋の駅の物語（上）』中部日本新聞本社、一九八〇
14加納誠企画編集『南区の歴史ロマンを訪ねて』自費、二〇〇五
15加納誠『旧街道のなぞに迫る・緑区』自費、二〇〇五
16片山鐘一『鎌倉街道　名古屋市緑区を中心に』自費、二〇〇二

〈地方史関係〉
17市史編集委員会『新修名古屋市史二』名古屋市、一九九八
18町史編纂委員会『甚目寺町史』甚目寺町、一九七五
19市史編集委員会『豊明市史総集編』豊明市、二〇〇五
20区政十五周年記念協会『中村区史』自費、一九五三
21水野時二監修『昭和区史』昭和区役所他、一九八七
22水野時二監修『瑞穂区誌』瑞穂区役所他、一九九四
23横地清『中村区の歴史』愛知県郷土資料刊行会、一九八三
24山田寂雀『瑞穂区の歴史』愛知県郷土資料刊行会、一九八五
25三渡俊一郎『南区の歴史』愛知県郷土資料刊行会、一九八六
26榊原邦彦『緑区の歴史』愛知県郷土資料刊行会、一九八四
27榊原邦彦『緑区の史跡』鳴海土風会、二〇〇〇
28森徳一郎『尾張史料の新研究』自費、一九八八
29河野真知郎『中世都市 鎌倉』講談社学術文庫、二〇〇五
30尾崎久彌『二村山志』二村山保存会、一九三一
31同小学校編『鳴海』市立鳴海小学校、一九七三
〈その他〉
32水野時二『尾張の歴史地理（上）』名古屋鉄道KK、一九五九
33井関弘太郎『車窓の風景科学』名古屋鉄道KK、一九九四
34熱田神宮資料『尾張国熱田大神宮縁起』熱田神宮、二〇〇二
35第三回文化史展「熱田と中世」熱田神宮宮庁、一九七二
36企画展「熱田と名古屋」名古屋市博物館、一九九七
37熱田神宮蓬の会『史跡 熱田』泰文堂、一九六二
38池田長三郎監修『熱田風土記七』久知会、一九七三

39市橋鐸監修『熱田裁断橋物語』姥堂裁断橋保存会、一九七六
40五味文彦『日本の中世を歩く』岩波新書、二〇〇九
41永原慶二編『常滑焼と中世社会』小学館、一九九五
42旧参謀本部編『日本の戦史 桶狭間・姉川の役』徳間書店、一九一五
43秋田源一『善行寺の石紋と徳佐川』自費、一九九三
44高橋慎一朗『武家の古都、鎌倉』山川出版社、二〇〇五
45同編さん季員会『愛知県史　資料編六』愛知県、一九九九
46長谷川国一『郷土の文学探訪』自費、一九六六
47同編纂委員会『奈留美』（鳴海町、同史編纂委員会、一九六三

〈論文等〉
48梶山勝「古代東海道と両村駅」名古屋市博物館研究紀要23所収、二〇〇〇
49三渡俊一郎「鳴海潟の変遷について」郷土文化131所収、一九八二
50太田正弘「山田都の疆域と八事迫について」郷土文化131所収、一九八二
51榊原邦彦「尾張における中世の東海道」郷土文化137所収、一九六三
52三渡俊一郎「二村山と両村駅について」郷土文化149所収、一九八七
53吉田富夫「名古屋の古道とその開拓」文化財叢書50所収、一九七一
54市橋鐸「文学に現れた街道」文化財叢書50所収、一九七一

なお、江戸時代の『尾張志』、『尾張恂行記』、『尾張名所図会』等も引用、参考にさせていただきました。

おわりに

私が鎌倉街道に興味を持ったのは、はじめに紹介した尾藤氏の『平安鎌倉古道』が出版された時で、もう十五年前になります。緑区の歴史の会の方々に初めて二村山を案内されてからでも十年経ってしまいました。その後、白壁アカデミアやＮＨＫ文化センターの古道講座で調査・案内し、それを『ひかりとねつ』という業界誌にまとめたものが、本書のベースになっています。

したがって、この本は、新しい資料を発見したとか、紐解いたとかいうものではありません。これまで諸先輩方によって調査研究が進められてきた街道情報を、集め、解釈し、現地を歩くための参考書としてまとめたものです。

この本での道跡の探索では、残念ながら、街道の道筋を一本に絞ることはできませんでした。しかし、絞れなかった区間も、街道が歩かれた四百年を超える期間、古代の道から中世を経て近世の道へと移る間、の変化とは考えられないでしょうか。懸案となった街道の区間は、本文にも触れましたが、やはり、

①古渡から井戸田へは、古い道は東の瑞穂台地へ、それが重複しつつも、次第に南の熱田への道に変わっていった…と。

②鳴海潟も、時代とともに上から中、中から下へと、重複しつつこれも順次下流へと移っていった、…ということになるのでしょうか。

そのようにみれば、細々とした移動はあったにせよ、名古屋の鎌倉街道探索は、ほぼ一つの流れに整理する

ことができそうです。

注意しなければいけないことは、江戸時代よりも前の道は細く曲がりくねっていたという先入観です。中世の道は「軍事・通信の施設」でした。京・鎌倉を三日で走り、あるいは何万という軍隊が通過しているのです。決して細く曲がりくねっていたということはなかったはずです。

この本をまとめていて、改めて思ったことがあります。それは、街道の時間的な連続性ということです。鎌倉街道、すなわち中世東海道は、古代東海道を修正しつつ歩かれたはずです。同様に、近世の東海道は、鎌倉街道を変更しつつ設定されたのでしょう。後者については、本文に、境川や天白川の干潟についての私見を書きました。前者は、中村から御器所にかけて、気になる直線の道跡を追いました。鎌倉街道をより深く理解するうえでは、ぜひとも古代東海道の解明が必要なように思えます。私にとっても、それは次の大きな課題になりそうです。

本書は先に出した『なごやの古道街道を歩く』（風媒社、二〇〇七）の姉妹編です。本書が中世を対象としたのに対し、前書は近世、江戸時代を中心にしています。是非併せてお読み下さい。

末筆になりましたが、この本を作成するにあたり、挫折しかけた私を、何度も何度も、励ましていただいた風媒社の林桂吾さんに、深く感謝する次第です。

毎回の古道歩きの　友　を想いつつ、コメダの本店にて

平成二十三年十二月

池田誠一

［著者紹介］
池田誠一（いけだ・せいいち）
なごや古道街角案内人
現在、NPO 白壁アカデミア世話人、古道講座等担当。
NHK 名古屋文化センター古道散策講座講師。
朝日カルチャーセンター歴史街道講座講師
著書：『なごやの古道・街道を歩く』（風媒社、2007 年）

装幀／夫馬デザイン事務所

本書に掲載した地図は、国土地理院発行の 2 万 5 千分の 1 地形図（清洲、名古屋北部、蟹江、名古屋南部、平針、鳴海、知立、鎌倉）を使用したものです。

なごやの鎌倉街道をさがす

2012 年 3 月 23 日　第 1 刷発行　（定価はカバーに表示してあります）

著　者　　池田　誠一
発行者　　山口　章

発行所　名古屋市中区上前津 2-9-14　久野ビル
振替 00880-5-5616 電話 052-331-0008
http://www.fubaisha.com/
風媒社

乱丁・落丁本はお取り替えいたします。
＊印刷・製本／モリモト印刷
ISBN978-4-8331-0147-9

長屋良行 編著

東海 戦国武将ウオーキング

戦乱の世を駆け抜けた武人たちの生き様を追って、歴史ロマンの地へいざ、タイムスリップ！ 筋金入りの戦国好きの著者たちがナビゲートする東海地方ゆかりの戦国武将の足跡をたどるガイドブック。

一五〇〇円＋税

中井 均 編著

東海の城下町を歩く

織田信長・豊臣秀吉・徳川家康の誕生地であり、彼らを支えた数多くの武将の出身地でもある東海地方。この地域には江戸時代に多くの城下町が栄えた。今もそこかしこに残る城下町時代の歴史と風土を訪ねる。

一五〇〇円＋税

なごやの古代遺跡を歩く

服部哲也／木村有作／纐纈茂

名古屋市内を中心にした9の「遺跡散策コース」と、身近な遺跡を体感できる「都市公園に重なる遺跡」を紹介。推理と想像を楽しみながら名古屋の遺跡をたどり、古代人のこころと暮らしに迫る。

一六〇〇円＋税

尾張なごや傑物伝

宗春がいた、朝日文左衛門がいた

千田龍彦

尾張名古屋といえば三英傑。でもちょっと待って。牛に乗った殿様・徳川宗春や、御畳奉行こと朝日文左衛門など、江戸時代の名古屋には魅力ある人物や出来事がまだまだたくさん！

一五〇〇円＋税

長谷川公茂

東海の円空を歩く

生涯に十二万体の仏像を彫ったといわれる江戸時代の遊行僧・円空。現存が確認されている作品のうち九〇%以上が遺る東海地方を訪ね、荒削りのなかに深い精神性が宿る円空仏の魅力を紹介。　一五〇〇円＋税

池田誠一

なごやの古道・街道を歩く

大都市名古屋にもこんな道がかくれていた！名古屋を通っている古道・街道の中から、江戸時代のものを中心に二十二本の道を選び収録。街道ごとに、その道の成立や全体像、そして二～三時間で歩ける区間を紹介。　一六〇〇円＋税